AF403993

ACADÉMIE DU BAS-RHIN.

THÈSE
POUR LA LICENCE,

PRÉSENTÉE

A LA FACULTÉ DE DROIT DE STRASBOURG

ET SOUTENUE PUBLIQUEMENT

le mardi 22 août 1854, à midi,

PAR

MATHIEU FELTIN,

DE DELLE (HAUT-RHIN).

STRASBOURG,

DE L'IMPRIMERIE DE V.ᵉ BERGER-LEVRAULT, IMPRIMEUR DE L'ACADÉMIE.

1854.

A MON PÈRE.

———

A LA MÉMOIRE DE MA MÈRE.

M. FELTIN.

FACULTÉ DE DROIT DE STRASBOURG.

PROFESSEURS.

MM. Aubry ✳, doyen. . . . . . Droit civil français.
Hepp ✳ . . . . Droit des gens.
Heimburger . . . . Droit romain.
Thieriet ✳ . . . . Droit commercial.
Schützenberger ✳ . . . . Droit administratif.
Rau ✳ . . . . Droit civil français.
Eschbach. . . . . Droit civil français.
N. Procédure civile et législation crimin.

MM. Destrais, professeur suppléant.
Michaux-Bellaire, | professeurs suppléants provisoires.
Beudant, |

M. Blœchel ✳, professeur honoraire.

M. Bécourt, officier de l'Université, secrétaire, agent comptable.

M. Heimburger, Président de la thèse.
Examinateurs MM. { Thieriet.
Schützenberger.
Michaux-Bellaire.

La Faculté n'entend ni approuver ni désapprouver les opinions particulières au candidat.

TABLE DES MATIÈRES.

DROIT CIVIL FRANÇAIS.

De l'hypothèque en général, du mode de l'inscription des hypothèques, de l'effet de l'inscription et de sa radiation.

(Livre III, titre 18, chap. 4 à 6, art. 2146 à 2179.)

De l'hypothèque en général.

§. 1.er
Comment on est arrivé à l'hypothèque?

« Les biens du débiteur sont le gage commun de ses créanciers et le
« prix s'en distribue entre eux par contribution, à moins qu'il n'y ait
« entre les créanciers des causes légitimes de préférence (art. 2093).
« Ces causes légitimes de préférence sont les priviléges et les hypo-
« thèques (art. 2094).

L'art. 2093 nous fait ainsi connaître une règle dont l'art. 2094
nous donne l'exception.

Mais ne donnons pas à ce gage commun, qui appartient de plein droit aux créanciers, les mêmes caractères qu'au gage proprement dit ou nantissement.

Le gage de l'art. 2071 entraîne avec lui le dessaisissement de la chose par le débiteur et la mise en possession du créancier. Ce créancier aura un droit dans la chose elle-même, *jus in re*, et deux actions, l'une personnelle contre le débiteur, l'autre réelle pour recourir sur la chose indépendamment de la personne.

Le gage de l'art. 2093 peut échapper aux créanciers; il reste entre les mains du débiteur et rien ne l'empêche de disposer de l'objet de ce gage, soit à titre gratuit, soit à titre onéreux. Le gage diminue, chaque fois que le patrimoine du débiteur diminue. Le créancier n'aura d'action sur les biens mobiliers et immobiliers qu'à raison de la personne et parce que ces mêmes biens sont un accessoire de la personne obligée.

On conçoit les craintes qu'éprouve un créancier qui voit une partie de sa fortune abandonnée au caprice de son débiteur.

Qui supportera en définitive les inconvénients d'un pareil état de choses? Ce sera l'emprunteur. Le prêteur gardera ses fonds ou ne donnera son argent qu'aux conditions les plus onéreuses. Mais entourez de garanties les prêts d'argent, diminuez les chances de perte que peut encourir le prêteur, les capitaux circuleront plus librement, l'intérêt diminuera, le coup le plus terrible sera porté à l'usure. Comment se décompose en effet l'intérêt? Une partie représente les fruits que peut rapporter le capital, l'autre partie l'indemnité que s'adjuge le prêteur, comme compensation des risques qu'il encourt. Que ces risques disparaissent, cette partie de l'intérêt disparaîtra aussi.

Que fera le créancier vigilant qui veut exposer le moins possible à tout danger de perte les fonds qu'il avance au débiteur? Il exigera l'intervention d'une ou plusieurs cautions, d'un ou plusieurs co-débiteurs solidaires, mais surtout des sûretés qui s'attachent à l'immeuble du débiteur, le suivent en quelques mains qu'il passe et que nous appelons sûretés ou droits réels, *nam plus cautionis est in re quam in persona*.

Le contrat de nantissement qui s'appelle contrat de gage, lorsqu'il a pour objet un meuble, contrat d'antichrèse, s'il a pour objet un immeuble fut le premier qui conféra aux créanciers ces sûretés réelles; mais s'il plaît par sa simplicité, il n'est pas sans de grands inconvénients. Il faut que le débiteur se dessaisisse de sa chose; il ne peut l'employer qu'à la garantie d'une seule dette, et si un immeuble est donné en gage, le propriétaire qui est le débiteur en perdra la possession. Cette transmission sera nuisible à l'agriculture; un créancier ne peut s'affectionner pour des biens qui sont temporairement entre ses mains.

On vint à établir qu'une simple convention suffirait pour que le débiteur engageât son bien : dès lors une sûreté tout aussi réelle entoura la créance du prêteur, et le débiteur ne fut plus dessaisi de ce qui lui appartenait.

Ce fut un emprunt de la législation romaine à la législation des Grecs et ce fut le Droit prétorien, si fécond en équitables innovations qui le consacra.

Partout on a admis l'hypothèque, de même que partout on a admis l'aliénation des biens. Si le débiteur peut aliéner son immeuble, à plus forte raison peut-il donner à cet immeuble une affectation spéciale et céder sur le prix qui en proviendra un droit de préférence.

Les autres créanciers ne peuvent se plaindre s'il y a des causes de préférence; ils ont donné leurs fonds alors que leur débiteur avait déjà diminué le gage commun. En prêtant ils n'ont dû compter que sur les biens qui pouvaient encore appartenir à l'emprunteur.

§. 2.
Définition de l'hypothèque.

Un créancier sera préféré à un autre, soit parce qu'il a un privilége, soit parce qu'il a une hypothèque: « Le privilége est un droit « que la qualité de la créance donne à un créancier d'être préféré aux « autres créanciers même hypothécaires (art. 2095). » Il a pour unique source la volonté de la loi; il peut être établi sur des meubles et des immeubles, tandis que l'hypothèque ne peut avoir pour objet que des immeubles. Établi sur des meubles, il ne donne en général qu'un droit de préférence, établi sur des immeubles, il donne un droit de préférence et un droit de suite; il réfléchit contre les tiers, aussi est-il soumis, comme nous le verrons au système de la publicité adopté par le Code.

« L'hypothèque est un droit réel sur les immeubles affectés à l'ac-« quittement d'une obligation. Elle est de sa nature indivisible et « subsiste en entier sur tous les immeubles affectés, sur chacun et « sur chaque portion de ces immeubles. Elle les suit dans quelques « mains qu'ils passent. »

Cette définition de l'hypothèque que nous donne l'art. 2114, nous en présente les caractères principaux :

Puisque les immeubles sont *affectés à l'acquittement d'une obligation ,* il ne doit plus être permis au propriétaire de les affecter à une nouvelle obligation au détriment de l'ancienne. Cette expression, que nous rencontrons dans notre article, nous fait aussi connaître la fin que se propose le créancier en exigeant une hypothèque : c'est de rendre plus certain l'acquittement d'une obligation. En connaissant le but vers lequel doit tendre l'hypothèque, nous en connaîtrons aussi la nature. D'après l'art. 516 du Code Napoléon, tous les biens sont meubles ou immeubles; il n'y a pas de classe moyenne, si un bien existe, il doit être ou meuble ou immeuble. L'hypothèque sera une chose mobilière ou immobilière selon qu'elle aura pour but de faire entrer dans notre patrimoine soit un meuble, soit un immeuble. Or, elle tend à nous faire payer ce qui nous est dû sur le prix de la chose vendue; le prix consiste en une chose meuble de sa nature, l'action hypothécaire sera donc mobilière. *Id ad quod tendit creditor hypothecarius est quidquid mobile.*

Comme *Droit réel,* elle donne au créancier à l'égard des tiers le droit de suite. Considérée dans ses rapports entre le créancier et le débiteur, l'hypothèque serait inutile, car un créancier chirographaire, avec un titre exécutoire, peut tout aussi bien qu'un créancier hypothécaire contraindre son débiteur à s'acquitter de sa dette, en opérant la saisie et la vente de ses biens — c'est donc uniquement à l'égard des tiers qu'elle produit ses effets.

Elle est *indivisible,* c'est-à-dire que l'immeuble en totalité, ou tous les immeubles hypothéqués sont affectés au paiement de la dette entière et de chacune des fractions de la dette, et que chaque portion des biens hypothéqués est affectée au paiement de la dette entière et de chacune de ses parties : c'est ce que Dumoulin exprimait en disant : *Est tota in toto, et tota in qualibet parte.*

Cette indivisibilité produit surtout ses effets, lorsqu'il y a lieu à l'exercice de l'action hypothécaire, soit contre les héritiers du débiteur, soit contre les détenteurs quelconques d'immeubles hypothéqués, et encore dans le cas où différentes hypothèques sont en concours sur les mêmes biens.

Enfin, il résulte encore de la définition du Code que l'hypothèque, à la différence du privilége, ne peut frapper que sur des immeubles; *les meubles n'ont pas de suite par hypothèque,* est-il dit dans l'art. 2119. Cette expression serait incompréhensible, comme tant d'autres, si l'on ne remontait à l'histoire du Droit. En effet les coutumes, si ce n'est celles de Paris et d'Orléans, admirent l'hypothèque sur les meubles, mais cette hypothèque ne donna qu'un droit de préférence, et non pas un droit de suite. De là cet adage : les meubles n'ont pas de suite par hypothèque. Nos législateurs l'ont répété, sans songer que l'hypothèque ne conférait sur les meubles pas plus un droit de préférence qu'un droit de suite. Il aurait mieux valu dire : les meubles ne sont pas susceptibles d'hypothèques, ou plutôt ne rien dire du tout, car la définition même et l'ensemble des dispositions du Code faisaient voir clairement l'intention de la loi.

Parmi les immeubles tous ne peuvent être hypothéqués, ils doivent avoir une existence à eux et pouvoir être vendus : une servitude, par exemple, ne pourrait être hypothéquée, parce qu'elle ne peut exister sans l'héritage. Si elle est vendue, cela ne peut être qu'avec l'héritage, et si elle est hypothéquée, cela ne peut être que comme accessoire réputé immeuble.

§. 3.
Sources de l'hypothèque.

Pour qu'une hypothèque existe, elle doit provenir de l'une des trois sources indiquées par le Code, car elle n'a lieu que dans les cas et suivant les formes autorisées par la loi, dit l'art. 2115.

1. La convention et la forme des actes nous donnent la source la plus abondante des hypothèques.

La convention n'est valable que si la personne qui consent à hypothéquer son immeuble est capable de l'aliéner, car hypothéquer, c'est céder sur son immeuble un droit réel, et il est rare que l'hypothèque ne conduise à l'aliénation de l'immeuble. Cette convention doit avoir pour objet un immeuble appartenant à celui qui confère l'hypothèque. Ce mot *appartenant,* dont se sert l'art. 2129, doit avoir le même sens qu'il avait au Droit romain, D. fr. 181, *de verborum significatione : Verbum illud pertinere latissime patet.* Il comprendra non-seulement les biens qui sont dans notre patrimoine, mais encore ceux qui peuvent en faire partie un jour. Aussi peut-on hypothéquer un immeuble sur lequel on n'a qu'une propriété sous condition résolutoire. (Voy. art. 2125.)

Il faut en second lieu que l'hypothèque soit consentie par acte passé en forme authentique devant deux notaires ou devant un notaire et deux témoins. En Droit romain, l'hypothèque pouvait être consentie par acte sous seing privé et même verbalement. Dans notre vieux Droit français la stipulation d'hypothèque n'était pas nécessaire, l'hypothèque était attachée de droit à l'acte même, dès ce qu'il n'y avait aucune convention spéciale, mais l'acte devait être authentique et exécutoire. C'est encore ce qui a lieu pour l'hypothèque judiciaire, qui résulte de la forme de l'acte et nullement de la convention des parties.

Ces deux conditions ne suffisent pas; l'acte constitutif de l'hypothèque doit déterminer les immeubles affectés à l'acquittement de la dette. Cette détermination est ce que l'on appelle la spécialité : chaque immeuble doit être désigné par sa nature et sa situation. Au moyen de la spécialité, on a cherché à protéger le crédit du débiteur, à éviter autant que possible le concours de plusieurs hypothèques sur les mêmes immeubles, et surtout à favoriser la publicité des hypothèques.

Une conséquence immédiate du principe de la spécialité est, qu'on ne peut hypothéquer les immeubles à venir, à moins que le débiteur, après avoir hypothéqué ses biens présents, n'en exprime l'insuffisance et consente que chacun des biens qu'il acquerra par la suite y demeure affecté à mesure des acquisitions. La proscription de l'hypothèque des biens à venir est encore une des heureuses innovations de notre Droit français. En Droit romain, l'hypothèque frappait indistinctement les biens présents et à venir, dans notre ancien Droit il en était de même; il fallait une convention spéciale, si on ne voulait pas que les biens fussent hypothéqués. Et remarquons que dans le cas prévu par l'art. 2130, qui permet l'hypothèque des biens à venir en cas d'insuffisance déclarée des biens présents, l'hypothèque n'en sera pas moins spéciale, car elle ne peut affecter les immeubles qu'à mesure des acquisitions, et cette affectation ne peut s'opérer que par l'inscription qui viendra spécialiser l'hypothèque dont la source est dans le contrat.

Enfin, « l'hypothèque conventionnelle n'est valable, dit l'art. 2132, « qu'autant que la somme pour laquelle elle est consentie est cer- « taine et déterminée par l'acte : si la créance résultant de l'obliga- « tion est conditionnelle pour son existence ou indéterminée dans sa « valeur, le créancier ne pourra requérir l'inscription dont il sera « ci-après parlé que jusqu'à concurrence d'une valeur estimative par « lui déclarée expressément et que le débiteur aura droit de faire ré- « duire s'il y a lieu. »

B. La deuxième source des hypothèques est celle qui provient de la loi.

L'art. 2121 détermine les droits et créances auxquels l'hypothèque légale est attribuée : « 1.º Ceux des femmes mariées sur les biens de « de leur mari. 2.º Ceux des mineurs et interdits sur les biens de « leur tuteur. 3.º Ceux de l'État, des communes, des établissements « publics sur les biens des receveurs et administrateurs comptables. »

Les priviléges résultent de la qualité de la créance, les hypothè- ques légales de la qualité de la personne. Elle est donnée à la femme mariée par le fait du mariage, parce qu'il est juste qu'elle trouve de plein droit dans les biens de son mari une garantie contre la puissance maritale. Au mineur, par le fait de la tutelle, parce que les tuteurs, ayant l'administration des biens de leurs pupilles, peu- vent compromettre leurs biens. Mais étendre cette faveur à des cas non prévus par la loi, ce serait créer une disposition législative ; aussi le mineur n'aura pas hypothèque sur les biens de son su- brogé tuteur ; d'ailleurs celui-ci ne dispose pas des deniers qui lui appartiennent. Il en est de même du curateur à l'émancipé, du con- seil judiciaire donné au prodigue. Ces personnes surveillent l'admi- nistration de l'incapable, mais elles n'administrent pas.

Du reste, lorsqu'il est question d'hypothèque légale, on se trouve sur le terrain de l'exception ; l'analogie ne doit pas venir étendre les dispositions de la loi, et l'on ne doit admettre d'hypothèque légale que si la volonté du législateur s'est clairement manifestée.

Deux caractères principaux distinguent ces hypothèques : 1.º Elles sont générales, c'est-à-dire qu'elles frappent sur tous les biens présents et à venir du débiteur. Dès qu'un immeuble entre dans son patrimoine, n'y resterait-il qu'un instant de raison, il se trouve grevé de l'hypothèque, comme s'il avait appartenu au débiteur, depuis le fait qui a engendré l'hypothèque. 2.º Deux d'entre elles : l'hypothèque légale des mineurs et interdits, et l'hypothèque légale des femmes mariées, existent par elles-mêmes, donnent et conservent les effets du droit hypothécaire, sans aucune formalité extrinsèque.

C. Enfin les décisions des tribunaux nous donnent la troisième source des hypothèques.

« L'hypothèque judiciaire, » dit l'art. 2123, « résulte des jugements « soit contradictoires, soit, par défaut, définitifs ou provisoires, en « faveur de celui qui les a obtenus. Elle résulte aussi des reconnais- « sances ou vérifications faites en jugement des signatures opposées « à un acte obligatoire sous seing privé. Elle peut s'exercer sur les « immeubles actuels du débiteur et sur ceux qu'il pourra acquérir. »

Il est assez étonnant qu'un jugement, qu'on nous a toujours montré comme étant déclaratif de droits, devienne tout à coup attributif. Lorsque le créancier et le débiteur ont contracté, l'un se contentait du gage commun de l'art. 2093, il ne demandait aucune sûreté réelle, l'autre entendait bien conserver ses immeubles francs et quittes, il n'aurait sans doute pas donné son consentement, si on avait exigé de lui une hypothèque. Une contestation s'élève sur ce qui faisait l'objet du contrat, une condamnation intervient, et voilà l'état des choses qui change complétement. Le créancier non-seulement a un titre valide et rendu exécutoire, mais il a un droit de préférence et un droit de suite sur tous les immeubles présents et à venir du débiteur. Le jugement a donc fait plus que de reconnaître le droit, il y a ajouté.

Sous l'ancienne législation on concevait l'hypothèque judiciaire, puisque tout acte authentique emportait hypothèque. Aujourd'hui nous devons nous contenter du motif que nous en donne M. Treilhard. « Les jugements, disait-il, ont un caractère qui ne permet pas « de leur accorder moins d'effets qu'à des contrats authentiques. »

On trouve que ce serait manquer de respect dû à la chose jugée, que ce serait un scandale judiciaire qu'en présence d'une condamnation prononcée contre lui, le débiteur puisse vendre ses biens immeubles, en toucher le prix, ou les grever d'hypothèques conventionnelles. Il est vrai de dire qu'un jugement ne doit pas avoir moins d'effet qu'un acte passé devant notaire; mais parce qu'un acte est passé devant notaire, peut-il par là conférer hypothèque? Ne faut-il pas une stipulation expresse? On parle de respect dû à la chose jugée; mais les décisoins du juge ne seront-elles pas observées? le créancier, ne pourra-t-il pas avec un jugement saisir les immeubles de son débiteur, les mettre sous la main de la justice, empêcher qu'il n'en dispose à son préjudice? Puisque l'ordre de la justice sera exécuté, par cela même, il sera respecté.

On dit toujours que les plus grands inconvénients de notre système hypothécaire se font sentir, lorsqu'il faut mettre d'accord les créanciers ayant hypothèque générale, avec les créanciers ayant hypothèque spéciale. En effet, il est rare qu'un ordre puisse se faire à l'amiable. Les créanciers qui ont une hypothèque générale en vertu de jugements, trouvent toujours moyen de susciter des embarras. Et puis, que de frais n'entraîne pas l'obtention de tous ces jugements qu'on recherche avec tant d'empressement, pour sûreté des plus petites sommes, aussitôt que le désordre se met dans les affaires d'un débiteur! que de notifications! que d'actes de procédure, et enfin, quel retard apporté à l'acquittement des obligations! La spécialité et la publicité, comme nous allons le voir, sont les bases de notre système hypothécaire; avec l'hypothèque judiciaire, la spécialité est sacrifiée.

§. 4.

Du système de publicité des hypothèques admis par le Code.

Nous avons supposé jusqu'ici une obligation entre le débiteur et le créancier, puis une hypothèque qui est venue garantir l'exécution de cette obligation, en conférant un droit de suite sur les immeubles du débiteur et en promettant un droit de préférence sur le prix de ces immeubles, si le créancier se trouve en concours avec d'autres créanciers.

Mais celui qui veut acquérir l'immeuble hypothéqué ignore ce droit de suite; mais les prêteurs ne savent pas, si les biens qu'ils voient entre les mains de leur débiteur sont pour eux une garantie assurée; dès lors l'acquéreur n'aura de confiance que lorsqu'il connaîtra les droits et charges qui grèvent cet immeuble, celui qui veut prêter ne donnera ses fonds que sur la certitude acquise que la fortune du débiteur ne peut se changer pour lui en gage illusoire; enfin celui qui cherche à emprunter le trouvera facilement et à des conditions bien moins onéreuses, s'il a entre les mains un certificat constatant que ses biens ne sont grevés d'aucune hypothèque.

Il suit de là qu'outre le lien personnel qui unit le débiteur au créancier, outre l'hypothèque qui confère un droit réel sur la chose du débiteur, il faut la publicité.

Avant 1789, sous l'ancienne monarchie, le système des hypothèques occultes régissait la France. On s'étonne qu'un pareil système ait pu subsister aussi longtemps. Il devait produire des effets bien nuisibles à l'ordre social. Cependant il a eu ses défenseurs. D'Aguesseau disait « On a toujours cru que rien n'était plus contraire au « bien et à l'avantage de toutes les familles, que de faire trop con- « naître l'état et la situation de la fortune des particuliers. Un Italien « a dit autrefois que l'opinion était la reine du monde; si cela est, on « peut dire que c'est en France qu'elle a établi le siège de son empire; « on n'y vit, on n'y subsiste que par l'opinion, et c'est ôter aux

« hommes leurs dernières richesses que de leur arracher cette ré-
« putation qui leur tient souvent lieu de biens alors qu'ils ont tout
« perdu. »

Sans doute la probité est une garantie, mais cette garantie est-
elle aussi solide que celle que me donne le gage dont je suis assuré?
Et puis dans quel cercle étroit devraient se circonscrire les spécu-
lations de l'homme, si on ne pouvait se confier qu'à l'opinion ou à
la moralité des individus!

Des hommes d'État, Sully et surtout Colbert, dans l'édit de 1674,
firent de vains efforts pour donner de la publicité aux hypothèques;
ils savaient bien que rien n'est plus nuisible au développement de
la fortune des particuliers que la clandestinité. A qui profitait un
pareil système? à celui qui voulait user d'un crédit factice pour se
procurer de quoi satisfaire ses goûts de dépenses; il trouvait dans
la mauvaise organisation hypothécaire un moyen facile de se faire
riche au préjudice de ses créanciers, il ne devait pas renoncer facilement à ce qui lui fournissait des ressources inépuisables.

A ce système à jamais condamné succéda un système tout opposé :
celui de la publicité complète et absolue, organisé par la loi du
11 brumaire an VII. Non-seulement les hypothèques et les priviléges qui donnaient un droit réel devaient être mis en évidence,
mais la transmission de la propriété n'avait aucun effet à l'égard des
tiers, avant que l'acte de transmission n'eût été copié sur un registre
que tous pouvaient consulter.

Cette loi, qui exposait au grand jour la fortune immobilière de
tous, est plus qu'un objet de curiosité et d'intérêt, elle est un re-
gret pour la plupart.

Ces deux systèmes étaient donc en présence, lorsqu'on a rédigé le
Code Napoléon. Tout faisait espérer d'abord que l'on donnerait à
toutes transmissions de droits réels la publicité la plus complète.
L'art. 941, qui traite de la transmission de la propriété à titre gratuit, exige la transcription. L'art. 1583, qui traite de la transmission

à titre onéreux, semblait vouloir une autre condition que le consentement des parties pour que la vente fût parfaite à l'égard de tous. Il a bien soin de dire : *entre les parties,* et, un peu plus loin, *à l'égard du vendeur.* On garde ainsi une juste réserve; mais au titre des hypothèques, on oublie ce que l'on s'était proposé : la transcription n'est plus qu'une formalité pour arrêter le cours des inscriptions (art. 834, 835, Code proc.), pour prescrire (art. 2180, Code Nap.) et pour commencer la purge (art. 2181); mais la propriété est transférée à l'égard des tiers par le seul consentement des parties.

Pour les droits réels que confèrent les hypothèques et les priviléges, on promet aussi une grande publicité. (Art. 2106.) «Entre les «créanciers, les priviléges ne produisent d'effet à l'égard des im-«meubles qu'autant qu'ils sont rendus publics par inscription.» — (Art. 2134.) «Entre les créanciers, l'hypothèque, soit légale, soit ju «diciaire, soit conventionnelle, n'a de rang que du jour de l'inscrip-«tion prise par le créancier sur les registres du conservateur.»

Mais viennent ensuite les exceptions tant pour les priviléges que pour les hypothèques.

L'exception qui frappe le plus est sans contredit celle qui affranchit de l'inscription les hypothèques légales des mineurs, interdits et femmes mariées sur les biens des tuteurs et des maris.

Aussitôt qu'on propose une réforme hypothécaire, la lutte s'engage sur cette question : Doit-on conserver à l'hypothèque légale de la femme et du mineur ses effets indépendamment de l'inscription?

Le système du Code civil a ici de zélés partisans. En effet, je lis dans l'ouvrage de M. Grenier, sur les hypothèques : «Voudrait-on, en «se référant à la loi de brumaire an VII, qu'on eût imposé à la «femme et à ses parents l'obligation de prendre dès l'instant du «mariage une inscription sur les biens du mari pour la sûreté de «la dot et des conventions matrimoniales? Mais cette obligation im-«pérative, dont le résultat eût été que toutes les inscriptions prises «par des tiers sur les biens du mari, avant celle de la femme, auraient

« eu la préférence sur celle-ci, cette obligation, disons-nous, pré-
« sentait une dureté répugnante. La manifestation d'un défaut de con-
« fiance, des actes d'une physionomie hostile ne sont pas des aus-
« pices sous lesquels des familles s'unissent. Aussi cette disposition
« a été rarement pratiquée sous l'empire de la loi de brumaire. » Je
lis dans Troplong : « Les partisans de l'inscription ne veulent voir
« qu'un côté de la question, la faculté des prêts hypothécaires, c'est
« à cela qu'ils exigent que tout soit immolé. Mais il est un autre
« point de vue plus moral et plus grand, l'intérêt de la famille et
« de l'État qui seraient ébranlés si les dots des femmes et le patri-
« moine des mineurs n'étaient mis à l'abri des dispositions et des
« larcins. On posa ainsi la question au Conseil d'État : Faut-il que
« les prêteurs qui veulent dicter la loi du contrat soient traités plus
« favorablement que les femmes et les mineurs qui ne peuvent se dé-
« fendre ? Ramené sans cesse à ces termes par la vigoureuse dialec-
« tique du premier Consul, la solution du problème ne pouvait être
« douteuse. »

Ceux qui désirent un système complet de publicité adoptent ce
principe de la loi de brumaire qui soumettait ces hypothèques à la
nécessité de l'inscription, mais de plus que cette loi, ils voudraient
organiser des mesures suffisantes afin que l'inscription fût effectuée.

En effet le mineur ne peut veiller à ses intérêts ; la femme le
pourrait bien, mais l'affection qu'elle a pour son époux, son état
de dépendance l'arrêteraient quand elle voudrait faire valoir ses droits
contrairement aux intérêts de son mari. Le Code Napoléon a bien
établi des moyens qui semblent rigoureux pour rendre publiques les
hypothèques des mineurs et des femmes, ainsi il en fait une obligation qui a sa sanction pour les tuteurs, les maris et le subrogé
tuteur, il en fait un devoir pour le procureur impérial, il autorise
les mineurs et les femmes, il invite les parents et les amis eux-
mêmes à requérir l'inscription, mais l'intention du législateur a été
peut-être méconnue ; on regarde généralement les dispositions des

art. 2136 et suivants comme à peu près comminatoires et constituant plutôt un conseil qu'un précepte.

La difficulté n'est pas de critiquer les dispositions du Code, mais de trouver un moyen qui assure des garanties aux incapables et en même temps de la sécurité aux tiers qui contractent avec le mari et le tuteur. Il fallait sacrifier les uns ou les autres, les tiers ou les incapables, le Code a préféré sacrifier les tiers. Mais si on ne parvient à trouver le moyen de sauvegarder à la fois ces deux intérêts opposés, au moins on pourrait, sans porter grande atteinte à la garantie qui doit assurer le patrimoine des mineurs et des femmes, les forcer à prendre inscription dans un délai déterminé, lorsque les causes qui ont motivé la grande faveur qu'on leur accorde viennent à disparaître. En effet, d'après les dispositions du Code et d'après un avis du Conseil d'État, du 5 mai 1812, approuvé le 8 du même mois, on décide qu'il n'y a pas nécessité de fixer un délai particulier aux femmes après la mort de leurs maris et aux mineurs devenus majeurs ou à leurs représentants, pour prendre inscription.

Une autre question vitale est celle-ci : Faut-il admettre la transcription à l'égard des tiers, pour la transmission des droits réels autres que les hypothèques et les privilèges?

Tous, pour ainsi dire, sont d'accord ici et désirent voir reparaître dans nos Codes l'art. 26 de la loi de brumaire an VII, ainsi conçu : « Les actes translatifs de biens et de droits susceptibles d'hy« pothèques doivent être transcrits sur les registres du bureau de la « conservation des hypothèques dans l'arrondissement duquel les biens « sont situés. Jusque là, ils ne peuvent être opposés aux tiers qui « auraient contracté avec le vendeur. »

Écoutons M. Troplong nous répondre à cette nouvelle question : « Une réforme qui, à mon avis, doit précéder toutes les autres, c'est « l'établissement d'une formalité extrinsèque, véhicule d'une grande « publicité et destinée à opérer la translation de la propriété à l'égard « des tiers. L'abandon du système hypothécaire de la loi de brumaire

« an VII, sur l'aliénation des droits réels, est la véritable cause du
« trouble qui se fait remarquer dans tout le système hypothécaire du
« Code Napoléon. »

Qu'opposait M. Tronchet à M. Treilhard, qui combattait pour le
maintien du principe posé par la loi de brumaire ? Il disait que
c'était compromettre la propriété de celui qui s'était reposé sur la
moralité de son vendeur; qu'en faisant tout dépendre de la transcription, un citoyen qui aurait acheté, qui posséderait un immeuble
depuis nombre d'années, mais qui n'aurait pas fait transcrire, serait
obligé de le céder à l'acheteur dont le contrat aurait été transcrit.

Nous répondrons, mais pourquoi le premier acquéreur a-t-il été
négligent ? On pourrait dire la même chose du créancier hypothécaire qui n'aurait pas fait inscrire son droit réel ; il ne serait pas
plus difficile de faire transcrire la vente d'un immeuble que de
faire inscrire les droits réels résultant des priviléges et des hypothèques; et puis nos lois n'ont-elles pas exigé la transcription pour
la donation? D'ailleurs il est défendu de se plaindre du préjudice
qu'on éprouve par sa faute.

Tronchet donnait encore, pour raison que la transcription entraî-
nait des frais qu'on pouvait éviter. Les lois fiscales ont répondu à
cette objection : depuis 1816 le droit proportionnel de transcription
se cumule avec le droit proportionnel de vente.

Telles sont les deux questions principales.

Nous ne ferons que citer quelques-unes des autres innovations que
l'on réclame généralement :

1.° Ainsi la suppression de l'hypothèque judiciaire, dont nous
avons dit quelques mots;

2.° La suppression de l'action résolutoire du vendeur en tant
qu'elle porterait préjudice aux créanciers inscrits, aux acquéreurs
subséquents, ou à ceux qui ont requis des droits réels sur l'immeuble.
Cette action en résolution de l'article 1654 réfléchit contre les tiers
détenteurs, alors même que le vendeur n'a pas rempli les formalités

nécessaires pour la conservation de son privilége. Pourquoi assujettir le privilége du vendeur à des conditions de publicité, tandis que l'action en résolution continuera à lui appartenir qu'il y ait ou non inscription? Il deviendra dès lors inutile pour le vendeur de transcrire son contrat, puisque l'action en résolution produira les mêmes effets que le privilége inscrit;

3.° La fixation d'un maximum égal au dixième du capital pour les intérêts et les frais;

4.° La nécessité de l'inscription pour la subrogation dans l'hypothèque légale de la femme au profit des tiers.

En résumé, le système hypothécaire adopté par le Code, est un système où la base fondamentale est la publicité. C'était un grand pas de fait sur l'ancien système, surtout dans une matière où il faut bien se garder d'improviser, car la fortune mobilière et immobilière des citoyens s'y trouve engagée. Il est possible d'y apporter des améliorations, mais j'ai peine à croire qu'on puisse, sans blesser des intérêts bien précieux, atteindre une perfection telle qu'il suffise, comme le voulait un projet de réforme, pour connaître le bilan immobilier du possesseur d'une maison ou d'une ferme d'effectuer une addition et une soustraction : une addition pour calculer le montant total des inscriptions dont ce bien est grevé, et une soustraction pour voir ce qui reste libre sur la valeur de cette propriété.

CHAPITRE PREMIER.

De l'inscription et du mode de l'inscription tant des priviléges que des hypethèques.

Sous une première section nous traiterons de la nécessité de l'inscription; sous une seconde, dans quel délai l'inscription doit être prise; sous une troisième, des formalités à remplir pour prendre inscription; enfin, sous une quatrième, de la péremption de l'inscription et de son renouvellement.

SECTION I.ʳᵉ

Nécessité de l'inscription.

Puisque la publicité est la base fondamentale de notre système hypothécaire, voyons comment on arrive à faire connaître aux tiers les priviléges et les hypothèques qui grèvent un immeuble.

A l'obligation est venue s'adjoindre l'hypothèque, à l'hypothèque vient s'adjoindre l'inscription : formalité extrinsèque, mais nécessaire, qui donne à l'hypothèque son effet, qui assigne et conserve le rang entre les divers créanciers hypothécaires. Elle se fait au bureau de la conservation des hypothèques dans l'arrondissement duquel sont situés les biens soumis au privilége ou à l'hypothèque. C'est sur la démarcation des arrondissements, disait M. Tarrible, que repose tout le système hypothécaire.

Elle est l'œuvre du créancier; elle n'est pas du fait du débiteur, elle est indépendante de sa volonté, le contrat est déjà consommé à son égard.

Cette formalité, disons-nous, est nécessaire, parce que sans elle l'hypothèque n'aurait aucun effet. Une donation d'immeubles a ses effets entre le donateur et le donataire, lorsque leur convention a été reçue par acte passé devant notaires, à l'égard des tiers, la transcription de la donation est indispensable. Pour l'hypothèque, la convention doit également être constatée dans la forme des actes notariés, si le droit réel ne prend son origine dans la loi ou dans un jugement; mais la convention d'hypothèque n'ajoute rien aux effets de l'obligation, quant aux rapports existants entre le créancier et le débiteur, puisque l'hypothèque n'a d'effet qu'à l'égard des tiers : sans l'inscription, l'hypothèque serait, comme dit M. Troplong, un corps privé de ses facultés, avec l'inscription le droit de suite s'attache à l'immeuble, et le droit de préférence prend une date certaine.

Le créancier qui a une hypothèque non inscrite ne pourrait primer même le créancier chirographaire. Celui-ci, en effet, est un tiers à l'égard des autres créanciers, qui tiennent bien leurs droits de leur débiteur, mais non pas leur rang. Le créancier hypothécaire n'a de rang qu'à partir de la date de l'inscription, et de l'inscription seule l'hypothèque tire son efficacité à l'égard des tiers quels qu'ils soient.

Deux classes de créanciers conservent leur droit de suite et leur droit de préférence, sans avoir besoin de l'inscription. La première classe comprend ceux qui ont des priviléges généraux sur les meubles et sur les immeubles (art. 2107), « sont exceptées de la formalité de « l'inscription les créances énoncées en l'art. 2101. Savoir : 1.° Les « frais de justice; 2.° les frais funéraires; 3.° les frais quelconques de « la dernière maladie, concurremment entre ceux à qui ils sont dus. « 4.° les salaires des gens de service pour l'année échue, et ce qui « est dû sur l'année courante; 5.° les fournitures de subsistances faites « au débiteur et à sa famille, savoir, pendant les six derniers mois par « les marchands en détail, tels que boulangers, bouchers et autres, « et pendant la dernière année par les maîtres de pension et mar- « chands en gros. »

Ces priviléges sont presque tous fondés sur des motifs d'humanité; l'exception à la règle qui veut que toutes les inscriptions soient rendues publiques, peut rarement ici porter préjudice aux tiers; d'autant plus que les créanciers privilégiés sur les meubles et les immeubles ne peuvent se présenter pour être payés sur le prix des immeubles qu'après avoir épuisé le prix des meubles.

La deuxième classe de créanciers comprend les mineurs et interdits qui ont hypothèque sur les biens de leur tuteur, les femmes qui ont hypothèque sur les biens de leur mari. Ces hypothèques ne sont point dispensées de l'inscription d'une manière absolue : la loi fait une obligation à certaines personnes, un devoir à d'autres de faire inscrire ces hypothèques, mais en même temps elle ne veut pas que ces incapables souffrent du défaut de publicité ; aussi leurs hypothèques produiront-elles leurs effets indépendamment de l'inscription ; pour les mineurs et interdits à raison de la gestion du tuteur, du jour de l'acceptation de la tutelle, au profit des femmes pour raison de leurs dot et conventions matrimoniales, à compter du jour du mariage, pour les sommes dotales qui proviennent de successions à elles échues, ou de donations à elles faites à compter de l'ouverture des successions ou du jour que les donations ont eu leur effet, pour l'indemnité des dettes qu'elle a contractées avec son mari et pour le remploi de ses propres aliénés du jour de l'obligation ou de la vente.

L'inscription, bien que nécessaire pour les priviléges qui s'étendent sur les immeubles, ne leur donne pas le droit de préférence à partir de sa date, elle ne fait que leur conserver ce droit. C'est ce qui résulte de la définition même du privilége, puisqu'il est un droit que donne la qualité de la créance d'être préféré aux autres créanciers, même hypothécaires.

SECTION II.

Dans quel délai l'inscription doit être prise ?

En général, la loi ne détermine aucun délai, on peut toujours prendre inscription du droit hypothécaire qui a été conféré au créancier : l'intérêt, le meilleur des conseillers, exige qu'on se fasse inscrire le plus tôt possible ; les créanciers le comprennent bien, et en cela le droit de préférence devient souvent le prix de la course. Il a même fallu une loi pour arrêter le zèle de certains créanciers qui, porteurs d'une promesse sous seing privé, faisaient assigner leur débiteur en reconnaissance d'écriture avant l'échéance du terme, et prenaient inscription immédiatement. La loi rendue le 3 septembre 1807 veut que dans le cas où il aura été rendu un jugement sur une demande en reconnaissance d'obligation sous seing privé formée avant l'échéance ou l'exigibilité de l'obligation, il ne pourra être pris aucune inscription hypothécaire, en vertu de ce jugement qu'à défaut de paiement de l'obligation après son échéance. Le motif de la loi est que le débiteur est présumé n'avoir pas voulu donner hypothèque à son créancier, à moins qu'à l'échéance les billets ne fussent point acquittés. Pour faire cesser cette présomption, il faudrait une stipulation contraire.

Mais si le créancier peut prendre inscription quand il lui plaît; il est toutefois des époques où il est obligé de se faire inscrire sous peine de perdre son droit hypothécaire. Je n'entends point parler ici du cas où il n'y a nécessité de s'inscrire, parce qu'un tiers-détenteur veut purger l'immeuble acquis de tous les priviléges et de toutes les hypothèques qui le grèvent. A part cette circonstance dont nous n'avons pas à nous occuper ici, il est d'autres cas où les créanciers sont en demeure de se faire inscrire.

a. Avant la promulgation des art. 834 et 835 du Code de procédure, il n'était plus permis de prendre inscription, aussitôt que les biens n'appartenaient plus au débiteur. Il s'ensuivait : 1.º Que le vendeur pour lequel la transcription de son contrat vaut inscription, pouvait, d'après l'art. 2108 du Code Napoléon, faire transcrire son contrat, tant que l'immeuble se trouvait entre les mains de son acquéreur. Était-il vendu de nouveau, il se trouvait purgé du privilége; 2.º que le créancier hypothécaire du vendeur qui n'avait pas pris inscription avant la vente de l'immeuble ne pouvait prendre inscription après cette vente, car elle purgeait les priviléges et les hypothèques non inscrits.

Tels étaient les principes du Code civil qui furent modifiés par les art. 834 et 835 du Code de procédure; la vente faite par l'acquéreur ne purgera pas aujourd'hui les hypothèques et les priviléges non inscrits; les créanciers pourront encore prendre inscription valable après la vente, et même dans la quinzaine de la transcription du contrat de vente, d'où résulte que s'il y a plusieurs ventes successives, le créancier aura toujours le droit de faire inscrire son hypothèque, tant qu'il n'y aura pas eu transcription par l'un des acquéreurs, et qu'il ne se sera pas écoulé quinze jours depuis cette transcription.

b. Les copartageants ou cohéritiers ne peuvent plus s'inscrire comme créanciers privilégiés après l'expiration de 60 jours, à compter du jour du partage ou de la licitation.

c. Les créanciers qui demandent la séparation des patrimoines ne peuvent plus faire inscrire leur privilége sur les immeubles de la succession après que six mois se sont écoulés depuis l'ouverture de la succession.

d. L'art. 2146 nous apporte deux nouvelles exceptions : 1.º Il prévoit le cas de faillite du débiteur ; « les inscriptions ne produisent « aucun effet si elles sont prises dans le délai pendant lequel les actes « faits avant l'ouverture des faillites sont déclarés nuls. »

Depuis la loi du 28 mai 1838, sur les faillites, cette disposition a été modifiée.

La faillite du débiteur est un malheur commun à tous les créanciers : la perte doit être supportée en commun, et la loi ne veut pas que l'un des créanciers puisse se créer un droit de préférence au préjudice des autres ; un débiteur connaît sa situation : il est bien rare que celui qui contracte avec lui ignore complétement quel est l'état de ses affaires. Aussi le Code de commerce déclare-t-il comme entachés de fraude certains actes faits à telle époque qui précède ou qui suit la faillite. C'est une application de l'un des cas de présomption légale qu'énumère l'art. 1350 du Code Napoléon.

Le jour de la faillite est le jour de la cessation de paiement ; le jugement qui intervient ne fait que déclarer la faillite.

D'après l'art. 446 du Code de commerce : « Sont nuls et sans effet, « relativement à la masse, lorsqu'ils auront été faits par le débiteur « depuis l'époque déterminée par le tribunal comme étant celle de « la cessation de ses paiements ou dans les dix jours qui auront

« précédé cette époque. . . . toute hypothèque conventionnelle ou judi-
« ciaire et tous droits d'antichrèse ou de nantissement constitués sur
« les biens du débiteur pour dettes antérieurement contractées. »

Remarquons que ces actes ne sont frappés de nullité que *relativement à la masse* des créanciers. Il en résulte qu'ils ne sont pas nuls
à l'égard du failli, et qu'ils produiront leurs effets à l'égard des
créanciers postérieurs à la faillite.

On ne faisait aucune distinction dans l'ancienne loi sur les faillites ; l'art. 443 du Code de commerce frappait de nullité tous les
actes d'où naissaient des causes de préférence, et l'art. 2146 du Code
Napoléon toutes les inscriptions que pouvait prendre un créancier.

La nouvelle loi distingue les hypothèques des inscriptions, et
parmi les hypothèques celles qui sont légales de celles qui sont conventionnelles ou judiciaires. Ces dernières sont seules atteintes de
nullité. En effet, comment admettre une présomption de fraude '
alors qu'il s'agit d'hypothèques qui résultent de la volonté de la loi;
une femme qui épousait un commerçant dans les dix jours qui pré-
cédaient sa faillite n'avait pas d'hypothèque légale sur ses immeubles,
le mineur dont la tutelle était déférée au commerçant dans le même
temps était de même privé de son hypothèque légale, si son tuteur
venait à faire faillite.

Pour les inscriptions, elles peuvent être prises dans les dix jours
qui précèdent la cessation de paiement, et même jusqu'au jour du
jugement déclaratif de la faillite. C'est ce qui résulte de l'art. 448
du Code de commerce : « Les droits d'hypothèque et de privilége
« valablement acquis pourront être inscrits jusqu'au jour du jugement
« déclaratif de la faillite. Néanmoins les inscriptions prises après l'é-
« poque de la cessation de paiement, ou dans les dix jours qui pré-
« cèdent, pourront être déclarées nulles, s'il s'est écoulé plus de quinze
« jours entre la date de l'acte constitutif de l'hypothèque ou du pri-
« vilége et celle de l'inscription. »

Rien de plus juste que cette disposition du nouveau Code sur les faillites ; car l'inscription n'est qu'une formalité complémentaire ; elle ne fait que rendre efficace un droit déjà acquis.

Ordinairement le créancier qui a hypothèque ne manque pas de se faire inscrire le plus tôt possible, car tant qu'il n'est pas inscrit, son hypothèque ne peut produire ses effets. S'il laisse s'écouler un long temps entre la date de l'acte constitutif et celle de l'inscription, et que cette inscription soit prise après la cessation de paiement ou dans les dix jours qui précèdent, la loi y voit quelque chose de suspect ; elle dit aux juges : vous pourrez déclarer nulle cette inscription. Et en même temps elle indique le délai qui doit séparer les deux dates; si ce délai dépasse quinze jours, elle admet la présomption de fraude *juris tantum*.

Ainsi les inscriptions prises jusqu'au jugement déclaratif de la faillite seront valables. Pour qu'elles puissent être annulées, il faudra la réunion de ces trois conditions :

1.º Qu'il se soit écoulé plus de quinze jours entre la date de l'acte constitutif de l'hypothèque et celle de l'inscription.

2.º Que cette inscription soit prise dans les dix jours qui ont précédé la cessation de paiement ou depuis la cessation de paiement jusqu'au jugement déclaratif.

3.º Enfin que le juge l'ait déclarée nulle.

Après le jugement déclaratif de la faillite, il ne peut plus être pris inscription sur les biens du failli. L'art. 490 du Code de commerce semble admettre une exception. Il est dit : « Les syndics seront tenus « de prendre inscription au nom de la masse des créanciers sur les « immeubles du failli dont ils connaîtront l'existence. L'inscription « sera reçu sur un simple bordereau énonçant qu'il y a faillite, et « relatant la date du jugement par lequel ils auront été nommés. »

Quand on prend une inscription, il faut une hypothèque préexistante, puisque l'inscription donne la vie à l'hypothèque. Quelle sera la nature de l'hypothèque que conserve l'inscription dont parle notre article? Quels seront ses effets? Le droit de suite qui fait de l'hypothèque un droit réel est utile quand il faut rechercher l'immeuble entre les mains des tiers; mais il est inutile ici, puisque le débiteur failli est dessaisi de l'administration de tous ses biens, il ne peut les aliéner, dès lors l'occasion ne se présentera pas pour exercer ce droit. Le droit de préférence, qui vient rompre l'égalité que l'art. 2093 avait établi entre tous les créanciers, se règle en général par la date de l'inscription. Y a-t-il ici un droit de préférence résultant de l'inscription? Non. Les créanciers hypothécaires antérieurs à la faillite primeront toujours les créanciers qui ont pris inscription après eux et entre les créanciers chirographaires lors de la faillite, aucune cause de préférence ne peut être donnée à l'un aux dépens de l'autre. A quoi sert donc cette inscription? Les uns prétendent que c'est pour donner de la publicité à la faillite. Nous croyons plutôt que cette inscription est inutile tant que la faillite dure, mais qu'elle doit donner effet à l'hypothèque résultant au profit de la masse des créanciers du jugement déclaratif de la faillite, dans le cas où un concordat viendrait à changer la position du débiteur failli. La masse des créanciers, au nom de laquelle les syndics auraient pris inscription, primeront les créanciers postérieurs au concordat. Ce sera de la part des syndics faire un acte conservatoire, mais dont l'effet dépendra d'une condition.

2.º La deuxième exception de l'art. 2146, à la règle que tout créancier peut s'inscrire quand il lui plaît, est ainsi formulée : « Il en « est de même entre les créanciers d'une succession, si l'inscription « n'a été faite par l'un deux que depuis l'ouverture et dans le cas « où la succession n'est acceptée que par bénéfice d'inventaire. »

Quels sont les motifs du législateur?

L'acceptation sous bénéfice d'inventaire fait présumer l'insolvabilité de la succession. L'état des affaires du défunt est réglé par sa mort, ses dettes ne peuvent augmenter, ni diminuer. S'il pouvait être pris inscription valable depuis l'ouverture, les créanciers les plus rapprochés, avertis les premiers du danger, se seraient hâtés de s'y soustraire, en s'inscrivant au préjudice des créanciers plus éloignés et non instruits de l'acceptation bénéficiaire.

Notre art. 2146 est-il applicable au cas où la succession est acceptée sous bénéfice d'inventaire, parce qu'il y a un mineur? La loi n'ayant fait aucune distinction, on n'en doit admettre aucune; c'est là l'opinion de MM. Persil et Troplong; Grenier, t. 1, n.° 122, pense que l'art. 2146 ne doit pas s'appliquer à une succession échue à des mineurs qui ne peuvent accepter que sous bénéfice d'inventaire. « Le législateur, dit-il, n'a eu en vue que le cas des accepta- « tions faites par des majeurs sous le titre de bénéfice d'inventaire. « Quelle en est la raison? c'est que dans ce cas l'insolvabilité de la « succession se présume, mais ce motif de la loi est étranger à une « succession dévolue à un mineur. »

S'il faut s'attacher à l'esprit plutôt qu'au texte de la loi, je crois qu'il faut se rallier à cette dernière opinion.

L'article 2146 ne fait pas mention du cas où une succession est vacante : mais les mêmes motifs sont applicables ; car si une succession est répudiée ou s'il ne se présente personne pour l'accepter, il y a lieu de présumer l'insolvabilité de la succession, bien plus encore que dans le cas d'acceptation sous bénéfice d'inventaire.

Il ne faut pas appliquer à la déconfiture ce que la loi dit de la faillite. La faillite est la cessation de paiement d'un négociant, la déconfiture est l'état d'un débiteur non commerçant qui n'a pas les ressources nécessaires pour satisfaire à ses engagements. Un particulier non commerçant peut être insolvable sans que personne le sache, le commerçant ne peut longtemps cacher son insolvabilité ; l'exercice de son état est l'objet d'une surveillance particulière de la loi sous plusieurs rapports.

SECTION III.

Des formalités à remplir pour prendre inscription.

L'article 2148 contient le détail de ces formalités : elles sont nombreuses et ont toutes donné lieu à de longues controverses.

Le législateur ne prononce aucune nullité pour l'omission de ces formalités. Faut-il en conclure qu'il n'y a jamais lieu à nullité? que c'est un précepte sans sanction? ou bien la nullité est-elle sous-entendue?

Dans les premières années qui ont suivi la promulgation du Code, on se montrait tout aussi sévère pour l'omission de l'une des formalités de notre article, que lorsqu'il est question encore maintenant des formalités à suivre dans un testament. La nullité avait été prononcée par la loi de brumaire an VII, on pensait que l'art. 2148 voulait s'y référer.

Entre les deux extrêmes il faut prendre un moyen terme : Rechercher quelle a été l'intention du législateur, voir parmi les formalités celles dont l'omission ferait manquer le but que l'on s'est proposé.

Quel est le but du legislateur? M. Troplong nous l'indique : « Le « législateur, toujours fidèle au système de la publicité et de la spé- « cialité, a voulu que les créanciers trouvassent dans l'inscription « tous les documents qui pouvaient être de nature à les éclairer sur « la position du débiteur. »

Quand trouveront-ils tous ces documents? Quand l'inscription leur fera connaître : 1.º les immeubles déjà hypothéqués, 2.º le montant des charges hypothécaires, 3.º le débiteur lui-même.

Ces trois formalités sont substantielles, c'est-à-dire qu'elles sont indispensables pour atteindre le but proposé; que sans elles le prêteur de fonds et l'acquéreur d'un immeuble ne seraient pas suffisamment éclairés sur la position de leur débiteur.

Tout le monde est bien d'accord aujourd'hui pour reconnaître qu'il y a des formalités substantielles et des formalités accidentelles, et de ne prononcer la nullité que lorsqu'il s'agit de l'omission de l'une des formalités substantielles. Mais lorsqu'il s'agit de désigner quelles sont ces formalités, la plus grande dissidence règne entre les auteurs et entre les arrêts, au point que l'on peut dire : *Tot capita, tot sensus.*

C'est là un danger pour les prêteurs, car il arrive souvent que l'une des formalités ou bien est omise, ou bien renferme une erreur, et l'on voit les tribunaux annuler des inscriptions, alors même que l'omission n'aurait causé aucun préjudice aux tiers, aussi une réforme est-elle généralement réclamée.

Arrivons au détail des formalités :

« Le créancier représente soit par lui-même, soit par un tiers ou « conservateur des hypothèques l'original en brevet ou une expédition « authentique du jugement ou de l'acte qui donne naissance au pri- « vilége ou à l'hypothèque. Il y joint deux bordereaux sur papier « timbré, dont l'un peut être porté sur l'expédition du titre. »

Peu importe que le créancier soit majeur ou mineur, ou que la femme soit ou non autorisée de son mari, prendre inscription, ce n'est pas s'obliger, c'est faire un acte conservatoire. Un tiers peut prendre inscription au nom du créancier, sans avoir besoin de justifier d'un mandat. C'est d'ailleurs ce qui nous est enseigné par l'art. 2139, qui invite les parents soit du mari, soit de la femme, et les parents du mineur, et à défaut de parents les amis, à requérir les inscriptions des hypothèques légales des femmes mariées et des mineurs. Le tiers agit comme *negotiorum gestor*, le conservateur ne peut se refuser à opérer l'inscription sans dépasser les limites de ses pouvoirs.

Le tiers peut même être un créancier qui veut conserver par l'inscription les droits hypothécaires de son débiteur. C'est ce qui résulte du texte de l'art. 778 du Code de procédure.

Le cessionnaire n'est pas tenu de rendre publique l'hypothèque qui garantit la créance cédée. Il est investi de tous les avantages des priviléges et hypothèques au même titre que le cédant. Toutefois il fera bien de faire faire mention de la cession sur les registres du conservateur, car le cédant de mauvaise foi pourrait donner main-levée de son inscription, et le cessionnaire perdrait son rang.

Que doit présenter l'inscrivant ?

1.° L'original en brevet ou une expédition authentique de l'acte constitutif du privilége ou de l'hypothèque. Cette représentation du titre n'est exigée que pour mettre à couvert la responsabilité du conservateur.

2.° Deux bordereaux qui doivent contenir tout ce que l'inscription a à annoncer aux tiers. L'un d'eux sera remis avec le titre entre les mains de l'inscrivant et devra porter mention que inscription a été prise à telle date, dans tel volume, sous tel numéro. L'autre restera entre les mains du conservateur, afin qu'il puisse prouver s'il s'élevait des difficultés sur l'inscription, que les erreurs ne sont pas de son fait et que l'inscription est conforme aux bordereaux.

Tout ce qui importe aux tiers, c'est l'inscription, et une nullité dans l'inscription ne pourrait être suppléée par le contenu aux bordereaux. On ne consulte jamais les bordereaux, mais le registre des inscriptions, et s'il contient des irrégularités, le conservateur ne peut les corriger; l'inscription une fois faite est acquise aux tiers, et si les omissions ou les erreurs ne peuvent être réparées qu'au moyen d'une nouvelle inscription, elle n'aura de date que du jour où elle aura été prise.

Les bordereaux contiennent :

A. « Les nom, prénom, domicile du créancier, sa profession s'il « en a une, et l'élection d'un domicile pour lui dans un lieu quel- « conque de l'arrondissement du bureau. »

Cette première formalité n'est pas substantielle. La désignation du créancier est demandée dans l'inscription, afin que les tiers-acquéreurs puissent faire aux créanciers dans la forme régulière les notifications nécessaires pour arriver à la purge. Si le créancier n'a pas eu soin de se faire connaître, lui seul en pâtira, il pourra ne pas arriver à temps pour surenchérir et même n'être pas appelé à la distribution du prix.

Quant au créancier inférieur en rang, il n'a pas grand intérêt à connaître le créancier qui le prime. Il sait qu'il est primé; cela doit lui suffire, il n'a pu être trompé.

L'élection d'un domicile dans un lieu quelconque de l'arrondissement est utile, puisque c'est là que doivent lui être signifiées de la part du débiteur et du tiers-intéressé les demandes en main-levée ou radiation et les jugements qui ont prononcé cette main-levée ou radiation. On ne veut pas qu'ils aillent à la recherche du créancier, ce qui occasionnerait des frais. Nous ne croyons pas que le défaut d'élection de domicile puisse entraîner la nullité de l'inscription : le débiteur et les tiers donneraient leur assignation au domicile réel, sauf à avoir égard au préjudice qui en résulterait lorsqu'il s'agirait de statuer sur les frais. On ne peut prononcer la nullité pour l'omission d'une formalité qui ne nuit point aux parties intéressées, ou qui ne peut tout au plus que porter à l'une d'elles un préjudice léger et tout à fait réparable.

Il est loisible à celui qui a requis une inscription, ainsi qu'à ses représentants ou cessionnaires par acte authentique, de changer sur le registre des hypothèques le domicile par lui élu, à la charge d'en choisir et indiquer un autre dans le même arrondissement. L'article 2152 exige de la part du cessionnaire un acte authentique uniquement dans l'intérêt du conservateur.

B. « Les nom, prénom, domicile du débiteur, sa profession, s'il « en a une connue, ou une désignation individuelle et spéciale, telle « que le conservateur puisse reconnaître et distinguer dans tous les « cas l'individu grevé d'hypothèque. »

La désignation du débiteur est la première formalité substantielle que nous rencontrons dans l'art. 2148. Il faut que le prêteur de fonds et les acquéreurs d'immeubles ne puissent se méprendre sur l'individualité de celui qui vend ou qui emprunte. Aussi doit-il être indiqué de manière que l'erreur ne soit point possible. La loi semble ne pas exiger aussi sévèrement les diverses énonciations qui peuvent faire connaître le débiteur; dans le n.° 1 de l'art. 2148, elle refuse la même latitude à l'inscrivant. C'est que l'inscription est l'œuvre du créancier, et il connaîtra toujours ses nom, profession et domicile, tandis qu'il peut ignorer ceux de son débiteur. Et même, si le débiteur est décédé, les inscriptions à faire sur ses biens pourront être faites sous la simple désignation du défunt (art. 2149); la loi a pensé que le créancier peut ne pas connaître les nom et qualité de tous les héritiers.

C. « La date et la nature du titre. »

La date, afin qu'on sache si l'hypothèque est née à une époque où elle pouvait naître.

La nature du titre, qui a pour objet de faire connaître si le céancier inscrit jouit d'un privilége ou d'une hypothèque et quelle est la nature de cette hypothèque.

Ces indications sont utiles, mais ne sont pas indispensables. De quoi le créancier subséquent se plaindrait-il? Il savait que l'immeuble appartenant à un tel, était grevé d'une charge réelle jusqu'à concurrence de telle somme. S'il veut attaquer l'inscription comme faite en vertu d'un titre nul, il pourra le faire, lors de l'ouverture de l'ordre, où tous les titres doivent être produits (art. 754, Code de proc.). Et puis ce n'est pas la date du titre qui donne le rang hypothécaire, c'est la date de l'inscription. Pour les priviléges, la date de l'inscription est même indifférente, puisqu'ils ne prennent rang ni de l'inscription, ni de la date du titre.

D'ailleurs, l'inscription ferait connaître aux tiers la date et la nature du titre qu'ils ne pourraient se rendre chez le notaire, dépositaire du titre constitutif de l'hypothèque, pour en vérifier l'exactitude, car l'article **23** de la loi du 25 ventôse an XI défend aux notaires de donner connaissance des actes à d'autres qu'aux personnes intéressées en nom direct, héritiers ou ayants droit. Celui qui n'est pas encore créancier, qui veut le devenir, n'est pas un ayant droit.

D. « Le montant du capital des créances exprimées dans le titre ou « évaluées par l'inscrivant pour les rentes et prestations, ou pour les « droits éventuels, conditionnels ou indéterminés, dans le cas où cette « évaluation est ordonnée, comme aussi le montant des accessoires de « ces capitaux et l'époque de l'exigibilité. »

Cette mention constitue une des formalités substantielles, elle forme le principal élément, au moyen duquel on peut reconnaître la position du débiteur : Que doit-il déjà? C'est la première question que le prêteur de fonds adresse à l'inscription qui doit lui répondre en faisant connaître : 1.º le montant des capitaux; 2.º celui des accessoires; 3.º l'époque de l'exigibilité.

a. Les créances pour rentes et prestations, ou pour droits éventuels, doivent être évaluées par le créancier. A cette évaluation, il doit mettre une grande prudence; en effet, si elle est inférieure à la valeur réelle, il se préjudicie à lui-même d'une manière irréparable, et si elle est supérieure, il peut se voir contraint à la restreindre par suite d'une demande en réduction.

b. Outre les capitaux ou l'évaluation des capitaux, l'inscription doit faire mention du montant des accessoires des capitaux, et parmi les accessoires sont compris les intérêts et les dépens faits en justice pour la liquidation de la créance.

En ce qui concerne les intérêts, la mention est nécessaire seulement pour les intérêts qui peuvent être échus au jour de l'inscription, pour les intérêts à venir, l'inscription les conserve de plein droit pendant un temps limité. Comme les accessoires du capital, ils devraient être colloqués au même rang que ce capital; ce qui n'éprouvait aucune difficulté sous l'ancien droit où régnait le système des hypothèques occultes. Peu importait aux tiers; ils ne pouvaient se guider d'après l'évaluation des sommes garanties par les hypothèques, puisqu'ils ne les connaissaient pas. Mais sous un régime qui a pour base la publicité, les tiers qui ont consulté l'inscription et qui ont compté sur la diligence du créancier à se faire payer régulièrement les intérêts, seraient trompés dans leur calcul, s'ils étaient primés par un créancier ayant un capital grossi par dix, quinze ou vingt années d'intérêts arriérés : un débiteur pourrait aussi colluder avec un de ses créanciers, simuler des intérêts comme non payés, et partager le bénéfice de la fraude toujours difficile à prouver. Le législateur a donc pris une sage mesure en décidant dans l'article 2151 que le créancier inscrit pour un capital produisant intérêts ou arrérages, a droit d'être colloqué pour deux années seulement et pour l'année courante au même rang d'hypothèque que pour son capital :

Cette manière d'évaluer les accessoires d'une créance laisse quelque chose d'incertain; aussi ceux qui demandent à ce que le prêteur puisse calculer exactement la somme qui le prime, voudraient qu'on fixât un maximum égal au dixième du capital pour les intérêts et les frais de chaque créance hypothécaire ou privilégiée.

Les deux années, dont parle notre article, sont-elles exclusivement les deux années qui suivent l'inscription? Non, car le Code ne distingue pas, et il suffit qu'il soit dû deux années, que ce soit les premières ou les dernières depuis l'inscription, pour qu'on puisse acquérir la collocation de ces deux années d'intérêts au même rang d'hypothèque que le capital lui-même. Et les tiers n'auront plus droit de se plaindre, ils connaîtront d'avance qu'ils peuvent être primés par un capital augmenté des intérêts de 3 années. Il n'y a aucune surprise à leur égard.

L'année courante, dont parle l'article 2151, serait-elle l'année où l'inscription a été prise? Non. Si les intérêts courent du jour de l'inscription, on ne peut appeler *année courante*, l'année qui commence à l'inscription. Et puis la rédaction de l'article 2151 défend une pareille interprétation ; il s'ensuivrait, en effet, que l'année courante devrait précéder les deux autres années.

Sera-ce l'année de la collocation ? Non. Un ordre ne peut s'ouvrir que dans deux circonstances, ou par suite de l'aliénation de l'immeuble par expropriation forcée, ou par suite de vente volontaire suivie de purgement. Si l'ordre s'ouvre par suite d'expropriation forcée, il est clair que le débiteur ne doit plus d'intérêts courants, lorsque se fait la collocation, puisque les intérêts, ainsi que le capital, sont dus par l'adjudicataire depuis le jour de l'adjudication. Si l'ordre s'ouvre par suite de vente volontaire, c'est le tiers acquéreur procédant à la purge qui est devenu débiteur de la somme principale et des intérêts depuis l'acceptation des offres notifiées aux créanciers, suivant la disposition de l'article 2183, à moins qu'il n'ait déposé les sommes dues à la caisse des dépôts et consignations, auquel cas c'est la caisse qui en devient débitrice.

Quelle sera donc l'année courante ?

Dans le cas de vente volontaire suivie de purgement, ce sera celle qui avait cours lors de la notification faite aux créanciers inscrits par le tiers détenteur, en vertu de l'article 2183. S'il y a surenchère, l'état des choses est changé, c'est comme s'il n'y avait pas eu d'acquisition, dès lors le tiers détenteur n'a jamais été débiteur. Il paraît évident que l'année courante sera celle de l'adjudication. Dans le cas d'expropriation, ce sera celle qui avait cours au moment de la transcription de la saisie. C'est ce que la Cour de cassation a décidé dans un arrêt du 8 juillet 1827, Chambre des requêtes (Dall., ann. 1827, 1, 295). En effet, la restriction de l'article 2151 ne s'applique pas aux intérêts qui courent depuis la dénonciation de la saisie immobilière jusqu'à l'ajudication, parce que la dénonciation de la saisie a pour effet d'immobiliser les fruits, de les soustraire à l'action individuelle des créanciers, et de les mettre sous la main de la justice comme l'immeuble même. Les créanciers inscrits n'ont plus depuis cette époque aucune moyen de se faire payer de leurs intérêts, et ainsi l'accumulation ne peut leur être imputée. Les motifs qui ont poussé le législateur à admettre la limitation de l'article 2151, n'existent plus ici. On ne peut dire, en effet, que le créancier laisse par sa négligence s'accumuler une grande masse d'intérêts, et porte ainsi préjudice aux créanciers postérieurs, on ne peut dire non plus que le débiteur a pu colluder avec un de ses créanciers.

L'art. 2151 s'applique-t-il aux intérêts du prix de la vente réclamé par le vendeur en vertu de son privilége? Non; on rentre ici dans le droit commun : l'accessoire suivra le sort du principal. Si l'art. 2151 s'est écarté de ce principe général, c'est uniquement par les intérêts des créances hypothécaires, puisqu'il y est dit en termes exprès que les intérêts auront *même rang d'hypothèque* que les capitaux : le capital dû au vendeur n'a pas un simple rang par hypothèque, mais rang par privilége. D'ailleurs on ne pourrait réclamer ici contre la violation du système de la publicité, puisque le vendeur peut toujours transcrire son privilége, tant que l'immeuble est entre les mains de l'acquéreur, et même le faire inscrire dans la quinzaine de la transcription de la deuxième vente. Les créanciers hypothécaires ignoraient la créance privilégiée qui les primait, ils ne peuvent venir se plaindre de se voir primés par les intérêts de cette créance. Enfin le vendeur non payé intégralement des intérêts qui lui sont dus, intentera l'action en résolution du contrat de vente, et échappera ainsi à la restriction que l'art. 2151 voudrait apporter à ses droits. Il en est de même des créances privilégiées du copartageant ou cohéritier.

Les hypothèques légales des femmes, des mineurs et interdits conservent tous les intérêts qui sont dus. L'art. 2151 parle du créancier *inscrit;* il en résulte qu'il ne doit s'appliquer qu'aux créances garanties par une hypothèque qui n'a de vie que par l'inscription.

Non-seulement les créanciers dont l'inscription est postérieure en date, profitent de cette limitation des intérêts, mais encore le tiers détenteur, qui, d'après l'art. 2168, voudrait, pour conserver son immeuble, payer tous les intérêts et capitaux exigibles. Il ne doit payer, lorsqu'il a pris ce parti que la loi lui conseille, que les créances conservées par l'inscription; or, les intérêts ne sont conservés que pour deux années et l'année courante.

Po. r les dépens faits dans le but de conserver la créance, ils sont toujours colloqués au même rang que la créance elle-même.

Pour les dommages-intérêts, il faut distinguer : le débiteur peut être obligé à les payer, soit par la convention, soit par un jugement. Dans le premier cas, ils prendront rang du jour de l'inscription prise pour sûreté du contrat, car ils résultent d'une stipulation accessoire qui resserre le lien de droit de l'obligation principale. Dans le deuxième cas, si les dommages-intérêts sont alloués par la même décision qui condamne le débiteur au paiement du principal, ils jouiront de la même hypothèque. Mais si l'hypothèque était inscrite et que la condamnation aux dommages-intérêts fût postérieure, ils auraient une hypothèque à part, et prendront rang à partir de l'inscription de cette hypothèque.

c. Enfin l'*époque de l'exigibilité* : elle est utile pour connaître ce qui constitue le montant du capital, car une créance s'estime *non solum ex quantitate, sed ex die solutionis. Minus solvit qui tardius solvit.*

Mais je crois qu'une inscription ne pourrait être annulée parce que l'époque de l'exigibilité serait omise, ou parce que la mention en serait erronée. Il n'en peut résulter, en effet, aucun préjudice pour l'acquéreur d'immeubles grevés d'hypothèque, puisque, s'il veut purger, il devra se soumettre à l'art. 2184 et déclarer qu'il est prêt à acquitter sur-le-champ les dettes et charges hypothécaires jusqu'à concurrence de son prix d'acquisition, sans distinction des dettes exigibles ou non exigibles; ni pour le prêteur de fonds, car s'il consulte le registre du conservateur, en ne voyant aucune époque d'exigibilité, il doit mettre les choses au pis, supposer les capitaux immédiatement exigibles. Dès lors il n'a pu être trompé par un crédit imaginaire, et sans grief point de nullité.

Celui qui peut se plaindre, c'est le débiteur, car sa position est moins bonne lorsque les tiers peuvent croire que la créance est immédiatement exigible. Aussi aura-t-il une action pour faire rectifier l'erreur ou réparer l'omission.

Les tiers pourraient toutefos éprouver un préjudice, si, par exemple, l'inscription porte que le capital est exigible dans six ans, tandis que le titre ne parle que d'un terme de six mois. Dans ce cas, le créancier ne pourra exiger sa créance qu'à l'époque fixée par l'inscription. Il en est ici comme de l'évaluation d'une créance indéterminée faite par le créancier. Tant pis pour le créancier, s'il n'a pas fait connaître tout ce qui lui était dû.

E. Les bordereau doivent contenir enfin *l'indication de l'espèce et de la situation des biens sur lesquels le créancier entend conserver son privilége ou son hypothèque.* C'est la troisième formalité substantielle : la spécialité est nécessaire dans l'inscription, comme dans l'acte constitutif de l'hypothèque.

Pour désigner les biens, il n'y a point de formes sacramentelles, seulement la désignation doit être telle qu'un tiers puisse toujours distinguer l'immeuble grevé : l'indication de l'espèce des biens se fait en disant, si c'est une maison, un pré, un bois, une vigne, un champ ; l'indication de la situation se fait en dénommant la commune ou le territoire, en faisant connaître la rue et le numéro d'une maison.

L'inscription prise sur tous les immeubles que le débiteur possède dans telle commune, ou tels qu'ils sont désignés au cadastre, contient une indication suffisante, d'après M. Troplong, tome 2, 3, n.º 689, et d'après la Cour de cassation, 28 août 1821.

Cette cinquième formalité n'est pas exigée pour les hypothèques judiciaires, car elles n'affectent pas tels ou tels immeubles du débiteur, mais l'universalité des biens qu'il possède dans l'arrondissement où l'inscription est prise.

Pour les hypothèques légales de l'État, des communes et des établissements publics sur les biens des comptables, des mineurs ou interdits sur ceux du tuteur, des femmes mariées sur ceux du mari, elles sont inscrites avec moins de formalités : l'inscrivant ne représentera pas au conservateur l'original en brevet ou une expédition du jugement ou de l'acte qui donne naissance à l'hypothèque. S'il n'y a pas eu de contrat de mariage entre les époux, il n'est pas possible de représenter de titre, de même lorsqu'il y a tutelle légale des père et mère. Il suffira de représenter deux bordereaux.

Ces bordereaux n'ont pas besoin de contenir :

1.º L'évaluation des créances indéterminées. Ce qui serait impossible : comment connaître ce que devra ce comptable dont on n'a pas de raison pour suspecter la fidélité ? Comment connaître quel sera le reliquat du compte de tutelle, surtout pour les parents et amis du mineur que la loi convie à prendre inscription de l'hypothèque légale.

2.º L'époque de l'exigibilité. Car on ne peut savoir, par exemple, quand la créance de la femme sera exigible, puisqu'on ne peut savoir quand le mariage sera dissous.

3.º L'indication de l'espèce et de la situation des biens; car l'hypothèque est générale, une seule inscription frappe tous les immeubles du débiteur situés dans l'arrondissement, qu'il s'agisse d'immeubles à venir ou d'immeubles présents, à moins que l'hypothèque n'ait été restreinte à certains immeubles. C'est précisément ici que s'explique l'expression dont se sert l'art. 2153 : *les droits d'hypothèque purement légale.* Le législateur a voulu faire allusion à ces hypothèques légales, qui peuvent devenir spéciales dans certains cas prévus par les art. 2140, 2141, 2143. On ne peut dire que ces hypothèques restreintes soit par le contrat de mariage, soit par l'acte qui confère la tutelle, ou bien pendant le mariage ou la tutelle, soient purement légales, car il leur manque un des caractères distinctifs , qui est la généralité.

Nous avons déjà vu ceux qui peuvent prendre inscription des hypothèques légales des mineurs, des interdits. Pour l'hypothèque légale de l'État, des communes et établissements publics, la loi du 5 décembre 1807 appelle certaines personnes à veiller à la conservation des droits du Trésor. Aux termes de l'art. 7 de cette loi, les receveurs généraux, les receveurs particuliers, les payeurs généraux, sont tenus d'indiquer leurs qualités et leurs titres dans les actes de vente, d'acquisition , échange, partage et tous autres actes translatifs de propriété. A la vue de ces actes, les receveurs d'enregistrement et les conservateurs des hypothèques seront tenus, à peine de destitution et dommages-intérêts, de requérir. et de faire l'inscription au nom du Trésor public, et d'envoyer, tant au procureur du roi du tribunal de première instance de l'arrondissement qu'à l'agent du Trésor public à Paris, le bordereau prescrit par les art. 2148 et suivants.

SECTION IV.

De la péremption de l'inscription et de son renouvellement.

« Les inscriptions conservent l'hypothèque et le privilége pendant « dix années , à compter du jour de leur date; leur effet cesse si ces « inscriptions n'ont pas été renouvelées avant l'expiration de ce délai » (art. 2154).

Il n'est question, dans l'art. 2154, que de l'inscription. Le droit hypothécaire n'en continuera pas moins de subsister, et, en vertu de ce droit, le créancier pourra encore, après dix ans, prendre inscription, mais le rang qu'il occupait sera perdu, et son hypothèque n'aura de rang que du jour de la nouvelle inscription.

Quels ont été les motifs du législateur, en établissant cette prescription décennale?

L'action personnelle du créancier contre le débiteur est soumise à la prescription de trente ans ; elle peut même dépasser ce laps de temps, si, par exemple, il y a des mineurs intéressés. Laisser pendant un si long temps les registres du conservateur s'accumuler, c'était exposer le conservateur à commettre facilement des erreurs, ou du moins le mettre dans le cas de ne pouvoir satisfaire aussi promptement que possible à l'exigence des intérêts privés : l'expérience est venue prouver que le législateur avait raison. La Belgique, qui a conservé notre Code Napoléon, crut devoir, en 1828, abroger l'art. 2154 : peu d'années après elle sentit la nécessité de revenir à la disposition qu'il contenait, parce que les conservateurs des hypothèques ne pouvaient suffire. Cet argument de législation comparée est bien le plus puissant qu'on puisse donner dans ces matières, où la théorie est bien obscure lorsqu'on n'a aucune pratique des affaires et où l'expérience est le meilleur des maîtres.

La loi se tait sur les formalités à suivre pour le renouvellement. Je crois qu'elle a laissé cette inscription soumise aux formalités ordinaires. Toutefois il n'y aurait pas nullité, si l'inscription en renouvellement ne faisait que s'en référer à l'inscription primitive. C'est l'avis de M. Troplong (t. 3, n.° 715), et deux arrêts de la Cour de cassation l'ont confirmé (3 février 1819 et 22 février 1825). Les dix années de la date de l'inscription doivent être comptées de manière que le jour où elle a été faite, *dies a quo*, n'y soit pas compris; en sorte qu'une inscription prise le 20 août 1844 aurait pu être valablement renouvelée à pareil jour de 1854. C'est l'opinion de M. Grenier (t. I, n.° 107).

La représentation du titre n'est pas nécessaire pour une inscription en renouvellement (Troplong, t. 3, n.° 715). Le conservateur ne pourrait se refuser à opérer le renouvellement. Il ne peut douter, en effet, que la réquisition qui lui est faite ne soit fondée sur un titre, puisqu'il n'a pu prendre la première inscription que sur la représentation de l'expédition de l'acte authentique ou du jugement.

La loi n'excepte aucune inscription du renouvellement. Toutes doivent donc être renouvelées avant l'expiration du délai de dix années. C'est ce qui résulte, d'ailleurs, d'un avis du Conseil d'État du 15 décembre 1807, approuvé le 22 janvier 1808, où il est dit : « Toute inscription doit être renouvelée avant l'expiration du laps de « dix années. Lorsque l'inscription a été nécessaire pour opérer l'hy-« pothèque, le renouvellement est nécessaire pour sa conservation ; « lorsque l'hypothèque existe indépendamment de l'inscription, et « que celle-ci n'est ordonnée que sous des peines particulières, ceux « qui ont dû la faire, doivent la renouveler sous les mêmes peines. « Enfin, lorsque l'inscription a dû être faite d'office par le conserva-« teur, elle doit être renouvelée par le créancier qui a intérêt. »

Ainsi, l'inscription prise d'office par le conservateur pour sûreté de la créance du vendeur, et qui doit se faire en même temps que la transcription du contrat, doit être renouvelée par le créancier. En effet, le conservateur a bien pris inscription du privilége du vendeur, lorsque la transcription s'est faite, parce qu'il pouvait voir dans le contrat de vente que le prix était encore dû; mais, lors du renouvellement, qui lui dit que le prix n'a pas été payé, le créancier seul peut le savoir.

Quels sont les cas où ce renouvellement n'est plus nécessaire, parce que l'inscription a produit son effet ?

L'hypothèque a atteint son but, et l'inscription a produit son effet, lorsque l'immeuble a été converti en argent et que le droit des créanciers n'est plus qu'un droit sur le prix. Il n'y a plus de chose soumise à l'hypothèque : *pignus luitur.*

Le moment où ce changement s'opère a donné lieu, dans la pratique, à des difficultés nombreuses.

Il existe trois théories :

1.º Les uns pensent que l'obligation de renouveler cesse dès que l'immeuble a été adjugé. C'est l'opinion de M. Grenier, t. 1, n.º 108; de M. Persil, sur l'art. 2154, n.º 5.

2.º D'autres, après l'ouverture de l'ordre, lorsque les créanciers produisent leurs titres (Merlin, Rép., t. 16, p. 468).

3.º D'autres, enfin, que la dispense de renouveler n'a lieu qu'à la clôture de l'ordre et la distribution des bordereaux (Dalloz, Jur. gén.).

On se rallie généralement à l'opinion de M. Grenier, mais avec la restriction admise par M. Troplong.

Deux cas sont à examiner :

1.º Quand il y a expropriation forcée de l'immeuble hypothéqué.

2.º Quand il y a vente volontaire.

Premier cas. Le but où tend l'hypothèque est, sans contredit, le paiement de la créance, ou, à défaut de paiement, la vente de l'immeuble qui y est soumis. Lors donc que l'immeuble est vendu, l'objet de l'hypothèque est rempli; l'hypothèque se convertit en une action sur le prix, laquelle action est une suite nécessaire de l'adjudication. L'ordre qui vient après n'est que déclaratif des rangs de préférence existant lors de la conversion de l'hypothèque en action. On peut donc dire que, dès le moment de l'adjudication, l'immeuble est affranchi de l'hypothèque : *pignus luitur*. Le renouvellement devient inutile, il ne reste plus qu'à faire la distribution du prix entre les créanciers suivant le rang que leur donnent leurs inscriptions.

La restriction que l'on apporte, consiste à dire que la dispense du renouvellement, lorsque l'inscription a produit son effet légal par l'adjudication, n'existe que relativement aux créanciers du vendeur, et qu'elle n'a point lieu à l'égard du tiers détenteur qui a fait transcrire. Ainsi, l'adjudicataire a revendu l'immeuble sans avoir payé; les inscriptions périmées depuis l'adjudication ne donneraient à l'hypothèque aucun droit de suite à l'égard du nouvel acquéreur qui aurait transcrit et qui aurait vu s'écouler quinze jours depuis la transcription.

En effet, le paiement qui devait se faire aux créanciers inscrits lors de l'adjudication n'ayant pas eu lieu, il faut le retrouver, et, par conséquent, ressaisir la chose donnée en hypothèque; mais, pour suivre cet immeuble en quelques mains qu'il passe et le ressaisir, il faut être un créancier ayant privilége ou hypothèque *inscrite*. Ce qui n'a plus lieu ici, puisque l'inscription une fois périmée n'a plus d'existence. Le créancier qui voudrait suivre l'immeuble ne serait donc pas un créancier inscrit, et le tiers détenteur pourra le repousser.

Deuxième cas. Quand il y a vente volontaire, l'inscription aura produit son effet légal après la notification faite aux créanciers inscrits aux termes de l'art. 2183, et après le délai de quarante jours donné à ses créanciers pour requérir la mise de l'immeuble aux enchères aux termes de l'art. 2185.

Par l'expiration de ce délai, il s'est opéré un quasi-contrat : On suppose l'acceptation tacite du prix de la part des créanciers. Si pendant le délai de quarante jours les créanciers ont requis les enchères, ils n'ont pas accepté l'offre que leur faisait l'acquéreur, dès lors il n'y a plus de quasi-contrat entre eux et cet acquéreur. L'inscription devra continuer à exister, et par conséquent, être renouvelée jusqu'à l'adjudication sur surenchère.

Mais la faillite d'un débiteur, l'acceptation d'une succession sous bénéfice d'inventaire ou la vacance d'une succession sont-elles un obstacle au renouvellement des inscriptions déjà prises? Les uns soutiennent l'affirmative, en disant que le jugement déclaratif de la faillite emporte de plein droit à partir de sa date dessaisissement pour le failli de l'administration de tous ses biens, que ce dessaisissement assure tous les droits antérieurement existants; qu'il n'est plus besoin de faire des actes conservatoires pour en assurer l'existence. MM. Troplong, Dalloz et Grenier adoptent la négative. Dans l'état de faillite ou de succession bénéficiaire, il n'y a rien d'assez définitif pour dispenser du renouvellement. L'inscription est loin d'avoir atteint son effet, car le droit sur l'immeuble n'est pas encore converti en un droit sur le prix à distribuer. Le failli peut, au moyen d'un concordat, rentrer dans la possession de ce qui lui appartient, les choses se passent alors, comme s'il n'y avait pas eu de faillite; l'héritier bénéficiaire peut faire acte d'héritier pur et simple, dès lors, c'est comme s'il n'y avait pas eu d'acceptation sous bénéfice d'inventaire. Enfin, la prescription n'est pas suspendue contre le failli, sur la tête duquel repose toujours la propriété de ses immeubles; pourquoi y aurait-il exception pour la prescription décennale de l'art. 2154?

CHAPITRE II.

De l'effet de l'inscription.

L'inscription donne à l'hypothèque son efficacité, et cette efficacité se manifeste : 1.º à l'égard des créanciers du débiteur; 2.º à l'égard des tiers détenteurs des immeubles hypothéqués.

1.º Elle se manifeste à l'égard des créanciers du débiteur par le droit de préférence sur le prix de l'immeuble. Nous avons vu quand l'inscription qui donne au créancier hypothécaire ce droit de préférence à partir de sa date, peut être prise? quelles en sont les formalités? quels sont les priviléges et les hypothèques qui produisent leurs effets, indépendamment de l'inscription?

Nous avons vu aussi que pour les priviléges du vendeur, des copartageants ou cohéritiers, des créanciers et légataires d'une succession, l'inscription leur conservait leurs effets, mais qu'elle ne leur donnait pas sa date. Elle ne le pourrait pas. *Privilegia non ex tempore æstimantur sed ex causa.*

2.º A l'égard des tiers détenteurs d'immeubles soumis à l'hypothèque, l'effet se manifeste par le droit de suite. Nous allons examiner en détail ce droit, qui fait l'objet du chapitre VI du titre du Code civil sur les hypothèques.

Nous diviserons cette partie de notre travail en trois sections : sous la première nous traiterons de la nature et de l'étendue du droit de suite par rapport au créancier hypothécaire ; sous la seconde: de ce que doit faire le tiers détenteur, ou de sa position vis-à-vis du créancier hypothécaire; sous la troisième: des comptes à débattre entre les créanciers hypothécaires et le tiers détenteur après le délaissement ou l'expropriation.

SECTION Ire

De la nature et de l'étendue du droit de suite pour le créancier hypothécaire.

« Le droit de suite, » dit M. Troplong, « est l'auxiliaire le plus utile « de l'hypothèque et du privilége immobilier; sans lui le créancier « verrait son gage lui échapper avec la même facilité que le meuble « le plus fragile. »

L'art. 2166, qui n'est qu'une application de l'art. 2114, nous fait connaître l'étendue de ce droit : « Les créanciers ayant privilége ou « hypothèque inscrite sur un immeuble, le suivent, en quelques mains « qu'il passe, pour être colloqués et payés suivant l'ordre de leurs « créances ou inscriptions. »

A la différence du Droit romain, qui exigeait que le créancier dont l'hypothèque résultait d'un simple pacte sans tradition, se fit mettre en possession de la chose avant de pouvoir la faire vendre, le créancier, d'après notre Code Napoléon, a sur l'immeuble en vertu de son droit de suite le pouvoir d'agir comme si la mise en possession du Droit romain avait déjà eu lieu : et vers quel but tendra-t-il en exerçant son droit? *A être colloqué*, nous dit l'art. 2166, *et payé suivant l'ordre de sa créance ou inscription* et par conséquent à faire vendre l'immeuble, à le convertir en prix.

§. 1.er

Quels sont ceux qui possèdent ce droit de suite.

L'art. 2166 nous parle des créanciers ayant privilége ou hypothèque *inscrite*. Résulte-t-il de là que les priviléges aient le droit de suite sans qu'il soit nécessaire de les inscrire ? Nous croyons plûtôt qu'il y a une faute de rédaction. Croire que l'art. 2166 soit l'abrogation des art. 2106 et suivants, c'est mettre le législateur en contradiction avec lui-même. Disons donc hautement que les priviléges sur un immeuble ne confèrent de droit de suite qu'autant qu'ils ont été conservés dans la forme voulue par la loi.

Si notre article est trop restreint de ce côté, il est trop général de l'autre. Il semble dire que toutes les hypothèques doivent être inscrites, tandis que les hypothèques légales des mineurs, interdits et femmes mariées sont dispensées de l'inscription : ce serait prêter au législateur des idées bien subtiles que de s'imaginer qu'il ait dispensé d'une manière générale, dans l'art. 2135, les hypothèques légales des femmes et mineurs de toute inscription, et que dans l'article 2166, il ait voulu que ces créanciers, alors qu'ils devaient commencer des poursuites, fussent obligés de se faire inscrire.

En un mot l'art. 2166 a un vice de rédaction, mais son esprit est facile à saisir. Il est évident qu'il a voulu consacrer ce principe : que le droit de suite n'est attaché qu'aux priviléges et hypothèques régulièrement conservées. Comme la loi a dispensé de toute forme la conservation de l'hypothèque légale de la femme mariée et du mineur, il en faut conclure que ces incapables pourront exercer leur droit de suite alors même qu'ils ne se sont pas fait inscrire.

§. 2.
Sur quels biens peut s'étendre le droit de suite et contre qui se poursuivra-t-il ?

Le créancier hypothécaire suivra l'immeuble en quelques mains qu'il passe; peu importe que l'immeuble soit aliéné à titre gratuit ou à titre onéreux, que la totalité ou une partie seulement se trouve entre les mains de l'acquéreur ou du donataire.

Quelque modique que soit la parcelle aliénée, elle en serait que du dixième de l'immeuble hypothéqué, le tiers détenteur de cette parcelle, s'il veut la conserver, doit purger ou payer la totalité des dettes garanties par hypothèque ou privilége.

Si l'usufruit a été détaché de l'immeuble hypothéqué, le créancier pourra exercer son droit de suite contre l'usufruitier. Il a en effet entre mains un démembrement de l'immeuble hypothéqué.

Il est toutefois des portions du domaine qui échappent au droit de suite quand elles en sont séparées. Aussi les choses qui sont immeubles par destination reprennent le caractère de meubles, quand elles sont détachées de la chose principale : la maison vient à être démolie, la forêt dépouillée de ses arbres, l'hypothèque ne frappera ni les matériaux, ni les arbres coupés.

L'hypothèque ne suivra pas non plus une servitude créée par le propriétaire de l'immeuble hypothéqué au profit d'un tiers, parce qu'une servitude séparée du fonds ne pourrait être convertie en argent, ce qui est la vraie fin de l'hypothèque. Mais les créanciers hypothécaires auxquels la constitution de la servitude a causé un préjudice, pourront sa faire indemniser : d'après l'art. 2131, si l'immeuble ou les immeubles présents assujettis à l'hypothèque ont péri ou éprouvé des dégradations ou s'ils sont devenus insuffisants pour la sûreté du créancier, celui-ci pourra ou poursuivre dès à présent son remboursement ou obtenir un supplément d'hypothèque.

Il en est de même des droits d'usage et d'habitation. L'acquéreur de semblables droits n'est pas tenu de les purger : ils ne peuvent être aliénés; le droit de suite ne peut les atteindre. Un débiteur a donné à bail ses immeubles hypothéqués, le créancier n'a pas de droit de suite à exercer contre le fermier. Celui-ci ne possède point *animo domini*, il n'est pas tiers détenteur dans le sens que nous donnerons à ce mot, et le droit d'hypothèque, qui n'empêche pas le débiteur de recueillir les fruits, ne doit pas l'empêcher de les céder à d'autres. Vouloir réduire à neuf années les baux que ferait un propriétaire d'immeubles hypothéqués, ce serait faire la loi, et d'ailleurs l'art. 685 du Code de procédure civile, règle le droit du créancier

sur les loyers et fermages. Il y est dit: « les loyers et fermages seront
« immobilisés à partir de la transcription de la saisie, pour être dis-
« tribués avec le prix de l'immeuble par ordre d'hypothèque. Un
« simple acte d'opposition à la requête du poursuivant ou de tout
« autre créancier vaudra saisie-arrêt entre les mains des fermiers et
« locataires. » Mais pourrait être certainement attaqué par le créancier
le bail passé en fraude de ses droits entre le débiteur et un fermier,
surtout si ce bail avait eu lieu quelque temps avant la saisie. Alors
ce n'est plus en vertu du droit de suite que l'on agira. Nous ren-
trons dans le Droit commun : Art. 1167, « les créanciers peuvent en
« leur nom personnel, attaquer les actes faits par leur débiteur en
« fraude de leurs droits. »

De même les paiements, faits par anticipation, sont valables, s'il
n'y a pas eu fraude, mais ils entraînent déjà après eux une forte
présomption, car d'ordinaire un fermier ne fait point d'avance à son
propriétaire.

En général, le droit de suite ne peut recevoir son effet contre un
détenteur à titre précaire, tels que les fermiers, les colons, les gar-
diens judiciaires, les dépositaires, les créanciers antichrésistes ; par
la nature même de leurs titres, ces personnes ne sont soumises à
aucune obligation envers le créancier hypothécaire, qui ne saurait
donc être admis à rechercher l'immeuble entre leurs mains. Il faut être
tiers détenteur *animo domini* de l'héritage hypothéqué, sans être tenu
personnellement à la dette. Ainsi l'héritier qui reçoit dans ses biens
les immeubles hypothéqués par le défunt, n'est pas tiers détenteur
dans le sens que nous attribuons à ce mot. Il est plus qu'un simple
tiers détenteur, puisqu'il est soumis à une action personnelle indépendante de l'action réelle.

De là, trois espèces de détenteurs : 1.° le détenteur précaire, 2.°
le simple détenteur *animo domini*, 3.° le détenteur *animo domini*, mais
soumis en même temps à une action personnelle. Les règles qui vont
suivre ne s'appliquent qu'au simple détenteur *animo domini*.

§ 3.

Comment s'exerce le droit de suite?

Connaissant les créanciers qui peuvent exercer le droit de suite, quels sont les biens qu'ils peuvent suivre, entre les mains de qui, ils le peuvent, voyons la manière dont ils exercent ce droit.

En Droit romain, nous l'avons déjà dit, le créancier qui avait hypothèque sur simple pacte, sans qu'il y ait eu tradition, devait obtenir la mise en possession de l'immeuble, il devenait ainsi créancier ayant un gage avec tradition et pouvait faire vendre l'immeuble.

Dans l'ancien Droit français, l'action hypothécaire se poursuivait directement par voie d'exécution contre le débiteur principal, sans mise en possession préalable, mais contre les tiers détenteurs, avant de poursuivre directement la vente de l'immeuble, le créancier devait intenter l'action hypothécaire. Cette action, dirigée contre les simples détenteurs *animo domini,* prenait le nom d'action réelle hypothécaire, ou pure action hypothécaire. Elle avait pour but de faire déclarer l'immeuble hypothéqué à la dette. Elle s'appelait action personnelle hypothécaire, quand elle était donnée contre le successeur universel ou à titre universel qui se trouvait obligé personnellement envers le créancier pour la part dont il était héritier et soumis en sa qualité de tiers détenteur d'immeubles hypothéqués à l'action réelle hypothécaire. On concluait contre lui à ce qu'il fût condamné personnellement pour sa part et portion, et hypothécairement pour le tout. Il s'affranchissait de l'action personnelle en payant sa part de la dette, et il s'affranchissait de l'action réelle en délaissant l'immeuble.

Le créancier avait encore une autre action contre les détenteurs de biens hypothéqués, appelée action en interruption d'hypothèque. Elle n'avait d'autre but que d'empêcher la prescription du droit hypothécaire.

Aujourd'hui l'hypothèque, au moyen de l'inscription qui la rend publique, donne au créancier une espèce de main-mise sur l'immeuble; elle le suit en quelques mains qu'il passe, sans qu'il soit nécessaire de la faire précéder d'une action réelle qui fasse reconnaître par les détenteurs l'immeuble comme affecté à la dette. Entre le créancier hypothécaire d'une part, les héritiers du défunt et les tiers détenteurs de l'immeuble de l'autre, aucune barrière ne s'élève. L'art. 877 nous dit que *les titres exécutoires contre le défunt sont pareillement exécutoires contre l'héritier personnellement,* et l'art. 2169 donne le droit au créancier hypothécaire de faire vendre sur le tiers détenteur l'immeuble hypothéqué trente jours après commandement au débiteur originaire et sommation faite au tiers détenteur de délaisser l'immeuble, si mieux il n'aime payer.

Une seule de ces actions peut encore être utile, mais assez rarement, c'est l'action en interruption. Le tiers détenteur peut usucaper la franchise de son immeuble par une possesion de dix à vingt ans, alors que cette possession est de bonne foi et fondée sur un juste titre et que la transcription de son titre d'acquisition a eu lieu sur les registres du conservateur, conformément à l'art. 2180. Peu importe au tiers détenteur que la dette soit exigible ou non contre le débiteur principal, que l'existence de l'obligation dépende d'un événement incertain, que des inscriptions soient prises par le créancier au bureau des hypothèques sur les immeubles affectés à la dette, l'immeuble qui est entre les mains du tiers se trouvera hors d'atteinte, si le créancier, qui ne peut réclamer le paiement de l'obligation parce qu'elle dépend d'une condition, n'intente l'action en interruption pour faire reconnaître son droit hypothécaire.

A part cette action en interruption, acte purement conservatoire et dont la nécessité se fera rarement sentir, il n'existe plus, grâce à la publicité des hypothèques, aucune des actions de l'ancien Droit. Le créancier agira directement, il fera : 1.° commandement au débiteur originaire, afin qu'il ait le temps d'aviser au moyen de préserver son acquéreur des procédures rigoureuses que l'on va suivre et pour se conformer à l'art. 573 du Code de pr. civ., qui défend de procéder à la saisie immobilière avant commandement fait à personne ou domicile du débiteur ; 2.° une sommation au tiers détenteur, afin de l'avertir de ne pas s'opposer à son droit de suite, ou bien de purger, de payer ou délaisser, s'il veut que son nom ne figure point dans la procédure. Et si l'on en vient à une saisie, la sommation vaut commandement à son égard. Cette sommation est un exploit d'huissier qui n'exige aucune formalité particulière. Elle sera faite au tiers détenteur ou à son représentant, au mari si l'immeuble acquis fait partie de la communauté, au mari et à la femme, s'il s'agit d'un propre de la femme.

Après trente jours le créancier hypothécaire a le droit de faire vendre sur le détenteur l'immeuble hypothéqué. L'art. 2183 parle d'un mois, n'est-il pas en opposition avec l'art. 2169, qui parle de 30 jours ? Non. Au moment où les rédacteurs du Code écrivaient ces articles, on était sous l'empire du Calendrier républicain, où tous les mois étaient de trente jours.

Tel est le rôle du créancier hypothécaire, voyons le rôle que doit jouer le tiers détenteur.

SECTION II.

De ce que doit faire le tiers détenteur, ou de sa position vis-à-vis du créancier hypothécaire.

§. 1.er
Des facultés que la loi accorde au tiers détenteur.

L'acquéreur de l'immeuble hypothéqué a trois facultés : purger ou payer, s'il veut conserver l'immeuble ; délaisser, s'il veut éviter les poursuites.

Purger est le parti le plus sage, c'est celui que la loi semble lui conseiller avant tout. En s'y soumettant, le tiers détenteur ne sera tenu de payer les créanciers hypothécaires que jusqu'à concurrence de son prix. Les formalités de la purge ne font pas l'objet de notre thèse.

L'autre faculté, s'il veut conserver l'immeuble, est de payer les créanciers hypothécaires à la place du vendeur. Et souvent elle pourra être utile aussi bien au vendeur qu'à l'acquéreur. En effet, si le vendeur charge l'acquéreur d'acquitter pour lui des créances à longs termes, ce mode de paiement allège le sort d'un acquéreur, facilite la vente, et peut donner lieu à une augmentation de prix; mais il devra désintéresser tous les créanciers hypothécaires dans les termes, avec les intérêts, et de la même manière que son vendeur aurait dû le faire. Les créanciers seront évidemment satisfaits, puisque le but vers lequel ils tendent sera plus promptement atteint.

S'il ne se décide ni pour la purge, ni pour le paiement des dettes hypothécaires, le créancier va user de son droit réel, et, poursuivant la chose, il attaquera l'acquéreur comme tiers détenteur de cette chose; il lui fera sommation de délaisser ou de payer, s'il aime mieux, et trente jours après commenceront les formalités de l'expropriation.

Le tiers détenteur, qui n'est tenu qu'à cause de la chose qu'il détient, peut se dégager de tout, en usant de la troisième faculté que lui donne la loi, et qui consiste à délaisser la chose.

Le délaissement est l'abandon de la possession de l'héritage hypothéqué fait par le tiers débiteur aux créanciers ayant hypothèques pour s'affranchir des suites de l'expropriation, qui est le moyen pour parvenir au but auquel tendent les créanciers hypothécaires.

Délaisser n'est pas aliéner, et le tiers pourra rentrer dans la possession de l'immeuble, en désintéressant les créanciers hypothécaires; la propriété a toujours reposé sur sa tête, il n'y a pas eu mutation, et le fisc, qui n'oublie jamais de percevoir, alors surtout que les droits lui sont dus, ne se serait pas contenté d'un droit fixe de cinq francs s'il y avait translation de propriété. Cependant l'acte est important : il détruit un contrat synallagmatique, et il a quelque chose d'une aliénation éventuelle, qui doit se consommer définitivement par l'adjudication de l'immeuble.

Du principe qu'après le délaissement le tiers détenteur doit être regardé comme le propriétaire de l'immeuble, il résulte que, si le prix d'adjudication de l'immeuble est porté à une somme supérieure au montant des créances et des frais garantis par l'immeuble, l'excédant devra être versé entre les mains du tiers détenteur ou attribué à ses créanciers.

Il semble, d'après la rédaction des art. 2167, 2168 et 2169, que le tiers détenteur soit soumis à une obligation, et même à une obligation alternative : délaisser ou payer. J'ai peine à croire que nos législateurs aient voulu donner à ce mot *obligé* de l'art. 2167 le sens du mot *obligatus* en latin. Le tiers détenteur n'est soumis à aucune obligation envers les créanciers hypothécaires, il n'est tenu qu'à laisser faire, à ne pas mettre obstacle à leur droit de suite.

S'il paie, c'est qu'il l'aime mieux, sans être pour cela obligé; s'il delaisse, c'est qu'il veut éviter de voir son nom paraître dans toute cette procédure d'expropriation, et c'est précisément parce qu'il n'est pas obligé qu'il peut délaisser. Et en vertu de quoi serait-il obligé? Il n'y a entre lui et le créancier ni contrat, ni quasi-contrat, ni délit, ni quasi-délit. On peut expliquer les termes dont se sert la loi, en disant que c'est un résultat de la routine qui s'était introduite au palais, de conclure au paiement ou au délaissement.

Ainsi il n'y a pas d'obligation entre le tiers détenteur et le créancier hypothécaire. Si ce dernier lui fait une sommation de délaisser, si mieux il n'aime payer, c'est afin de le mettre en demeure d'user avant l'expropriation des facultés que lui donne la loi.

Dans la pratique, on confond souvent le délaissement avec le déguerpissement. Mais c'est à tort. Le déguerpissement est l'acte par lequel le tiers détenteur d'un immeuble grevé de rentes foncières s'affranchissait de la nécessité de payer en abandonnant l'immeuble au crédit-rentier; le délaissement a pour but, au contraire, d'affranchir le tiers détenteur de l'expropriation. On déguerpissait au profit de l'ancien propriétaire de l'immeuble, on délaisse au profit du créancier. Par le déguerpissement, on abandonnait la propriété; par le délaissement, on abandonne la possession, et le créancier n'a que le droit de faire vendre.

Voyons 1.° Qui peut délaisser?

2.° Dans quelles formes le délaissement doit-il être fait?

1.° Qui peut délaisser? Art. 2172: « Il (le délaissement par hypothèque) « peut être fait par tous les tiers détenteurs qui ne sont pas person- « nellement obligés à la dette et qui ont la capacité d'aliéner. »

Deux conditions sont renfermées dans cet article :

a) Il ne faut pas être personnellement obligé à la dette.

b) Il faut avoir la capacité d'aliéner.

a) Lorsqu'une personne s'est engagée à donner ou à faire quelque chose, et que, pour sûreté de son obligation, elle vous a donné un gage, ce n'est pas seulement le gage que vous avez en vue, mais le lien personnel qui unit le débiteur à vous, créancier. Pour briser ce lien, la personne n'a d'autre moyen que le paiement, la *solutio* des Romains. Le tiers détenteur, s'il veut que le délaissement l'affranchisse envers le créancier, ne doit pas être lié personnellement envers lui; il ne doit être tenu qu'à raison de la chose, *propter rem;* qu'il abandonne la possession de cette chose, la cause venant à cesser, l'effet cessera également : *cessante causa, cessat effectus.* Il se trouvera dégagé, et l'expropriation ne se poursuivra pas sur lui.

L'héritier, continuant la personne du défunt, sera personnellement obligé à toutes les dettes; mais, s'il est en concours avec d'autres héritiers, il n'est tenu des dettes que pour sa part héréditaire. S'il paie cette part, sa position devient celle d'un simple tiers détenteur.

Le successeur universel ou à titre universel est aussi obligé personnellement. Il ne continue pas la personne du défunt, mais il est tenu de payer ses dettes. De même les légataires universels ou à titre universel sont obligés au paiement des dettes de la succession.

Nous compterons encore parmi ceux qui ne peuvent délaisser : les tiers détenteurs qui se seraient soumis dans leur contrat d'acquisition à payer la créance garantie par l'hypothèque, l'acquéreur de droits successifs, celui qui a accepté une donation avec la charge de désintéresser les créanciers hypothécaires.

b) Pour délaisser, il faut avoir la capacité d'aliéner l'immeuble; sans doute, le délaissement n'est pas un acte d'aliénation, puisqu'on n'abandonne que la possession, mais il conduit à l'aliénation, puisque le créancier ne prend cette possession de l'immeuble que pour en poursuivre la vente, et il y a loin d'un acte de délaissement à un simple acte d'administration.

Dès lors tous ceux qui ne sont qu'administrateurs, comme le curateur, l'envoyé en possession provisoire, ne peuvent délaisser; il en sera de même de tous ceux qui ne sont pas maîtres de leurs droits. Ainsi, ne pourront délaisser : le mineur et l'interdit sans les formalités prescrites par les art. 457, 458 du Code Napoléon, le pourvu d'un conseil judiciaire sans l'assistance de son conseil, la femme mariée sans l'autorisation de son mari, la femme dotale sans l'autorisation de la justice.

Toutefois les formalités que doivent suivre les incapables pour délaisser ne peuvent arrêter les poursuites du créancier hypothécaire. Il exerce son droit indépendamment de toute considération relative aux qualités que peut avoir le tiers détenteur.

On se demande si l'héritier bénéficiaire peut délaisser. Oui, car il peut aliéner; seulement sa qualité d'héritier bénéficiaire sera compromise, s'il ne se conforme point à l'art. 806 du Code Napoléon; mais la vente et le délaissement qu'il aura faits seront valables, puisqu'il est propriétaire de l'hérédité en vertu de la vocation de la loi qui lui a donné la saisine héréditaire.

2.º Dans quelles formes le délaissement doit-il être fait? Le délaissement par hypothèque se fait au greffe du tribunal de la situation des biens, et il en est donné acte par ce tribunal (art. 2174). Il faut l'intervention de la justice, l'acte qui a lieu au greffe sera signé par la partie, et il sera signifié aux intéressés. Il peut arriver en effet que la personne qui délaisse n'ait pas capacité pour faire cet acte, qu'elle soit personnellement obligée, et puis le créancier doit être averti du délaissement, afin de faire nommer un curateur à l'immeuble.

Le délaissement pourrait-il être fait avant la sommation de payer de l'art. 2169? Les uns le regardent comme non avenu, disant que le tiers détenteur ne peut se dégager ainsi du contrat synallagmatique fait avec le vendeur de l'immeuble. Le cas d'un pareil délaissement se rencontrera rarement; cependant je crois qu'il ne serait pas absolument nul; je l'envisagerais comme une offre que les créanciers hypothécaires seront libres d'accepter ou de refuser. Ils la refuseront, s'ils prévoient que l'immeuble mis en vente n'atteindra pas le prix que doit payer le tiers détenteur. D'ailleurs le tribunal est toujours là pour éloigner le tiers détenteur qui ne voudrait délaisser que pour se soustraire aux conséquences d'un contrat onéreux. Ce délaissement anticipé est un avantage pour le tiers détenteur qui ne veut pas purger. Il préviendra ainsi la sommation qui peut chaque jour lui être faite. Il sortira plus vite d'une position incertaine.

Après le délaissement fait au greffe, signifié, et dont il est donné acte par le tribunal, sur la pétition du plus diligent des intéressés, il est créé à l'immeuble délaissé un curateur, sur lequel la vente de l'immeuble est poursuivie dans les formes prescrites pour les expropriations (art. 2174). Ce curateur est nommé, afin que l'expropriation ne soit point poursuivie au nom de l'acquéreur, ou, comme disait Loyseau, afin d'éviter *l'infamie* qui résulte d'une vente forcée. La publicité donnée à la vente et l'ignorance du public, qui ne saura pas distinguer si vous êtes exproprié comme bien tenant ou comme débiteur principal, peuvent préjudicier à votre crédit.

Le délaissement suivi de l'adjudication de l'immeuble résout définitivement le droit de propriété qui appartenait au tiers détenteur et replace les choses au même état que s'il n'avait jamais été propriétaire de l'immeuble ; les servitudes et les droits réels qu'il avait sur l'immeuble avant sa possession, renaissent après le délaissement ou après l'adjudication faite sur lui. Mais s'il a constitué des hypothèques pendant qu'il était propriétaire, elles conserveront leurs effets. Étant propriétaire, il pouvait hypothéquer. Aussi est-il dit dans l'art. 2177 que les créanciers personnels du tiers-détenteur qui délaisse, exercent leur hypothèque à leur rang sur le bien délaissé ou adjugé, après tous ceux qui sont inscrits sur les précédents propriétaires. Quelques auteurs voudraient que les créanciers qui ont une hypothèque non inscrite lors de l'aliénation, mais qui la font inscrire dans la quinzaine de la transcription, comme le permet l'art. 834 du Code de Pr., primassent les créanciers du tiers détenteur qui se font inscrire avant eux. Nous ne sommes pas de cette opinion, et nous ne voyons nulle part la loi autoriser cette dérogation au grand principe posé par elle dans l'art. 2134 du Code Napoléon, qui détermine les rangs des créanciers d'après la date de leurs inscriptions, tandis que l'art. 834 ne s'occupe que du délai pendant lequel les hypothèques peuvent être inscrites. Tant pis pour le créancier du vendeur, s'il n'a pas été plus diligent.

§. 2.

Des moyens qu'il peut avoir pour repousser les poursuites.

Supposons que la sommation et le commandement de l'art. 2169 aient été faits, que le tiers détenteur ne se soit décidé, ni à purger, ni à payer, ni à délaisser, quel moyen lui restera-t-il encore ? L'art. 2170 nous le dit : « Le tiers détenteur qui n'est pas personnellement

« obligé à la dette , peut s'opposer à la vente de l'héritage hypothé-
« qué qui lui a été transmis, s'il est demeuré d'autres immeubles
« hypothéqués à la même dette dans la possession du principal ou
« des principaux obligés, et en requérir la discussion préalable, selon
« la forme réglée au titre du cautionnement : pendant cette discussion
« il est sursis à la vente de l'héritage hypothéqué. » L'art. 2171
ajoute : « L'exception de discussion ne peut être opposée au créancier
« privilégié ou ayant hypothèque spéciale sur l'immeuble. »

Ce bénéfice accordé au tiers détenteur de faire discuter préalable-
ment les biens de ceux qui sont personnellement obligés à la dette,
avait été admis par Justinien, dans sa Novelle 4, la loi de Brumaire
l'avait rejeté, comme étant un obstacle au droit du créancier hypothécaire. Notre Code a cru devoir l'admettre, il a trouvé qu'il importait peu aux créanciers d'obtenir leur paiement sur tels ou tels
biens, tandis qu'il importait beaucoup au tiers acquéreur de conserver son acquisition.

Mais pour qu'il puisse user de ce bénéfice que lui offre la loi,
plusieurs conditions doivent se rencontrer. Il faut : 1.° Que le tiers
détenteur ne soit pas personnellement obligé à la dette.

2.° Que le débiteur principal ait d'autres immeubles hypothéqués
à la même dette : on ne pouvait obliger les créanciers hypothécaires
à discuter les biens non hypothéqués restés entre les mains de leur
débiteur, puisque sur le prix de ces biens, ils ne seraient venus
que par contribution avec les créanciers chirographaires.

3.° Que les biens n'aient pas été aliénés. On conçoit que le créancier hypothécaire ne puisse être renvoyé de tiers détenteur à tiers
détenteur. Sa position ne serait plus tenable.

4.° Enfin, l'exception de discussion ne peut être opposée au créancier
privilégié ou ayant hypothèque spéciale sur l'immeuble : au créancier
privilégié, parce que la cause de sa créance est toujours digne de
faveur ; au créancier ayant hypothèque spéciale, parce que l'immeuble
grevé est le gage direct et exclusif de ce créancier, et la convention

des parties donne à l'hypothèque quelque chose de plus rigide[1] qui met le droit au-dessus de l'exception.

Il en sera de même si le créancier a obtenu, en vertu de l'article 2130, une hypothèque conventionnelle sur les biens que le débiteur acquerra par la suite. On ne peut dire que cette hypothèque soit générale, puisqu'au fur et à mesure des acquisitions l'inscription doit venir frapper chacun des immeubles, en l'indiquant spécialement.

Ce bénéfice de discussion s'intentera par une opposition formée aux poursuites et signifiée. Le tiers détenteur doit indiquer au créancier les immeubles qui sont en la possession du débiteur principal, sans pouvoir indiquer les biens litigieux ou situés hors de l'arrondissement de la Cour impériale. Il avancera les deniers suffisants pour faire la discussion.

Le créancier restera jusqu'à concurrence des biens indiqués par le tiers détenteur responsable envers lui de l'insolvabilité du débiteur principal survenue par le défaut de poursuites.

Le tiers détenteur peut encore former opposition aux poursuites, lorsque le créancier est tenu personnellement au paiement de la dette, ou lorsqu'il possède des héritages affectés à la même hypothèque, pour laquelle il recherche le tiers détenteur. C'est là ce qu'on appelle l'exception de garantie. Ainsi le créancier est devenu l'héritier du vendeur, le tiers détenteur pourra le repousser en invoquant cette maxime : *quem de evictione tenet actio, eum agentem repellit exceptio.*

Une autre exception est celle qui est appelée en droit : *exceptio cedendarum actionum.*

D'après l'article 1251, la subrogation a lieu de plein droit au profit de l'acquéreur d'un immeuble qui emploie le prix de son acquisition au paiement des créances, auxquelles cet héritage était hypothéqué; mais le créancier poursuivant a par son fait rendu impossible la subrogation pleine et entière du tiers détenteur dans tous ses droits et actions contre le débiteur principal, alors le tiers détenteur fera valoir l'exception, et obtiendra une réduction totale ou proportionnelle de la demande du créancier. Exemple : Une femme mariée a hypothèque légale sur les immeubles A, B, C, D de son mari, qui les vend successivement à *primus, secundus, tertius* et *quartus.* Le mariage vient à se dissoudre. La femme renonce à son hypothèque légale sur les immeubles A, B, C, et elle fait ensuite sommation de délaisser à *quartus,* propriétaire de l'immeuble D. Celui-ci invoquera l'exception *cedendarum actionum.* Lorsqu'il a acquis, il pouvait penser que la femme pourrait le subroger dans son hypothèque légale sur les immeubles A, B, C, s'il voulait payer la dette. Par son fait personnel, elle a rendu impossible cette subrogation : *quartus* ne peut être ainsi privé du bénéfice que lui accorde la loi. Aussi repoussera-t-il la poursuite, et la femme sera obligée de se contenter du quart de sa créance, en supposant que les quatre immeubles de son mari aient une égale valeur.

SECTION III.

Des comptes à débattre entre les créanciers hypothécaires et le tiers détenteur après le délaissement ou l'expropriation.

Le tiers détenteur peut avoir détérioré l'immeuble hypothéqué, il peut aussi l'avoir amélioré : ce sont les deux points qu'examine l'article 2175 ainsi conçu : « Les détériorations qui procèdent du fait ou « de la négligence du tiers détenteur, au préjudice des créanciers « hypothécaires ou privilégiés, donnent lieu contre lui à une action « en indemnité, mais il ne peut répéter ses impenses et améliorations « que jusqu'à concurrence de la plus-value résultant de l'améliora-« tion. »

1.º S'il y a des détériorations, elles doivent provenir du fait ou de la négligence du tiers détenteur; les détériorations fortuites ou naturelles ne pourraient dans aucun cas être mises à sa charge. Dans l'ancien Droit, on distinguait si les détériorations avaient été faites antérieurement ou postérieurement à la demande en déclaration d'hypothèque intentée par le créancier. Les détériorations, faites avant cette demande, ne donnaient lieu à aucune indemnité; le tiers détenteur était le maître d'user ou d'abuser de sa propriété, il ne faisait qu'agir en propriétaire.

Aujourd'hui cette distinction n'existe plus; au moyen de l'inscription, le tiers détenteur est censé connaître les hypothèques qui frappent l'immeuble. En l'acquérant, il s'est en quelque sorte constitué gardien du gage des créanciers. Si la maison hypothéquée tombe en ruine faute de réparations d'entretien, s'il la démolit, les créanciers auront contre lui une action personnelle en indemnité, de même s'il sépare de l'immeuble des objets mobiliers qui y étaient attachés à perpétuelle demeure au moment de la constitution de l'hypothèque, s'il crée des servitudes sur cet immeuble, s'il fait des coupes de hautes futaies non aménagées, etc.

Il doit de plus rendre compte des fruits de l'immeuble, à compter du jour de la sommation de payer ou de délaisser, et si les poursuites commencées ont été abandonnées pendant trois ans, à compter de la nouvelle sommation qui sera faite (art. 2176). Le tiers détenteur est propriétaire et possesseur de bonne foi, malgré l'existence de l'hypothèque, il fera donc les fruits siens; mais si des poursuites sont dirigées contre lui, sa bonne foi cesse, et il doit rendre compte de tous les fruits produits par l'immeuble qui s'immobilisent et suivent dans la procédure d'ordre le même sort que le prix de l'immeuble.

2.º Si le tiers détenteur a fait, au contraire, à l'immeuble des impenses ou améliorations, il a le droit de les répéter jusqu'à concurrence de la plus-value, car c'est seulement dans cette limite qu'il a amélioré la position des créanciers. L'amélioration doit provenir de son fait et non pas du fait de la nature. Si elle provient uniquement du fait de la nature, on suivra l'article 2133 : « L'hypothèque acquise « s'étend à toutes les améliorations survenues à l'immeuble hypothé-

« qué. » Si elles proviennent du tiers détenteur, à l'article 2133 viendra
s'adjoindre le grand principe d'équité que consacre l'article 2175 :
« *Personne ne doit s'enrichir aux dépens d'autrui* » ; et le tiers détenteur devra être indemnisé jusqu'à concurrence de la plus-value résultant de l'amélioration. Mais pourra-t-il retenir l'immeuble jusqu'à ce
qu'il soit payé de ses dépenses ? Non, il le pouvait d'après la Législation romaine, où les principes étaient différents : un créancier, pour
faire vendre la chose hypothéquée, devait se faire mettre préalable-
ment en possession de cette chose ; aujourd'hui, il n'est plus besoin
de demander la détention corporelle de l'immeuble hypothéqué, on
agit directement pour le faire vendre et se faire payer sur le prix d'après
son rang hypothécaire. Ce droit appartient à tout créancier, n'importe la date de son titre ou la date de son inscription. Une hypothèque n'empêche pas l'autre. Si on accordait au tiers détenteur le
droit de rétention, il pourrait arrêter les poursuites des créanciers.
L'on conçoit difficilement qu'un pareil avantage lui soit donné sans
un texte formel de la loi ; au contraire, loin de trouver un texte en
faveur du droit de rétention, l'article 2175 se sert de l'expression :
répéter ses impenses. Ce qui nous confirme encore dans cette idée,
c'est que le législateur, lorsqu'il veut conférer le droit de rétention, a
bien soin de le dire. Ainsi dans l'article 1673, il est dit que le vendeur
qui use du pacte de rachat, ne peut entrer en possession qu'après avoir
remboursé le prix principal, les frais et loyaux coûts de la vente,
les réparations nécessaires et celles qui ont augmenté la valeur du fonds
jusqu'à concurrence de cette augmentation, et dans l'article 1749, les
fermiers et locataires ne peuvent être expulsés qu'ils ne soient payés
par le bailleur, ou, à son défaut, par le nouvel acquéreur de l'indemnité réglée par les articles précédents.

Mais, si le tiers détenteur n'a pas le droit de rétention, aura-t-il un
privilége pour sa plus-value ? Non, car les priviléges surtout doivent
être expressément indiqués par la loi, et parmi les cinq priviléges sur
les immeubles qu'énumère l'article 2103, je n'y rencontre point celui

qu'on voudrait accorder au tiers détenteur pour sa plus-value. Il n'aura donc qu'une action *in personam* contre les créanciers dont ses impenses ont amélioré le gage commun.

Les impenses comprennent les sommes dépensées à améliorer l'héritage; les améliorations, ce qu'il vaut de plus à raison des sommes qui y ont été employées. Presque toujours les dépenses sont supérieures aux améliorations, si par hasard le contraire arrivait, le tiers détenteur ne pourrait réclamer que ses impenses. De quoi se plaindrait-il? Il a été payé de ses déboursés, et le texte n'est pas contraire à cette opinion déjà admise en Droit romain; car il ne dit pas que le tiers détenteur a toujours le droit de réclamer la plus-value; et nous lisons à la loi 38. *Dig. : De rei vindicat . . . . : Reddat (dominus) impensam ut fundum recipiat, usque eo duntaxat quo pretiosior factus est; et* si plus pretio fundi accessit *solum quod impensum est.*

S'il avait été fait des impenses nécessaires et qu'elles n'aient pas donné à l'immeuble une plus-value, le tiers détenteur ne pourrait les réclamer. Il devait savoir que l'immeuble qu'il achetait était soumis à l'éviction, et s'il n'a pas pris les précautions nécessaires pour s'en garantir, en procédant à la purge des hypothèques, c'est sur lui seul que doivent retomber les conséquences de cet oubli. Quand il empêche la ruine de l'immeuble, il ne remplit qu'un devoir, et s'il ne le faisait pas, il serait tenu à indemniser les créanciers ayant hypothèque ou privilége, puisqu'il y aurait détérioration provenant de sa négligence. Les créanciers d'ailleurs ne se sont pas enrichis, puisque leur gage n'a pas augmenté de valeur. Il en est autrement à l'égard du vendeur de l'immeuble, le tiers détenteur aura contre lui son action en garantie, telle qu'elle est réglée au titre de la vente.

CHAPITRE III.

De la radiation et de la réduction des inscriptions.

Ce chapitre se divisera en deux sections : dans la première nous traiterons de la radiation des inscriptions ; dans la seconde de leur réduction.

Avant tout, faisons la remarque qu'il ne s'agit ici que de l'inscription et non du droit hypothécaire; ainsi un créancier veut ménager le crédit de son débiteur, il consent à lever momentanément l'inscription qui grève sa propriété. Tant qu'il n'a pas renoncé à son hypothèque, celle-ci subsiste et elle peut encore atteindre tous ses effets au moyen d'une nouvelle inscription.

SECTION Ire

De la radiation des inscriptions.

Les inscriptions sont rayées du consentement des parties intéressées et ayant capacité à cet effet ou en vertu d'un jugement en dernier ressort ou passé en force de chose jugée (art. 2157).

De là deux sortes de radiation : la radiation volontaire et la radiation judiciaire.

§. 1.er

De la radiation volontaire.

La radiation volontaire résulte du consentement des parties intéressées et ayant capacité à cet effet. C'est un acte unilatéral; aussitôt que le consentement du créancier est donné, le droit de faire radier est acquis au débiteur, sans qu'il y ait acceptation de sa part.

Voyons, qui a capacité pour donner ce consentement, dans quelle forme il doit être donné.

1.º Qui a capacité? La radiation efface l'inscription ; effacer l'ins-cription , c'est faire perdre à l'hypothèque son efficacité. On conçoit donc l'importance de cet acte. D'un autre côté, l'hypothèque n'est que l'accessoire de l'obligation; si j'ai le pouvoir d'éteindre l'obligation j'aurai par cela même le pouvoir d'éteindre l'hypothèque et par suite l'inscription : *Cessante causâ, cessat effectus.* Partant de cette idée, nous dirons que celui qui a capacité pour disposer de la créance garantie par l'hypothèque, peut consentir la radiation de l'inscription.

Ainsi le tuteur peut consentir la radiation des inscriptions prises au profit du mineur, car en sa qualité d'administrateur des biens de son pupille, il peut toucher ses capitaux, en donner quittance. Mais nous croyons qu'il faut distinguer le cas où le tuteur, en don-nant main-levée de l'inscription, reçoit en même temps le montant de la dette, et celui où il consent à la radiation sans en recevoir le remboursement. L'administration du tuteur est toute de protec-tion, son mandat ne saurait aller jusqu'à disposer. Le tuteur ne nuit pas au mineur, lorsqu'il consent à la radiation en conséquence du paiement qui lui est fait et dont il donne quittance; mais il lui nuit lorsque, sans la circonstance du paiement suivi d'une quittance, il consent à la radiation. Ce n'est plus administrer, c'est disposer et gratifier.

MM. Grenier et Troplong admettent cette opinion, qui s'appuie encore sur deux lettres du ministre de la justice et du ministre des finances des 29 frimaire et 14 nivôse an XIII, et sur un arrêt de la Cour de cassation du 21 juin 1818.

Le mineur émancipé, d'après l'art. 482 du Code Napoléon, ne peut donner décharge d'un capital mobilier, sans l'assistance de son cu-rateur, il en résulte qu'il ne peut sans cette même assistance con-sentir la radiation de l'inscription qui garantissait le recouvrement de la dette ; mais il peut passer des baux, en toucher les fermages, et si, parmi ces fermages, il y en a qui sont garantis par une ins-cription , la radiation de cette inscription par lui consentie sera valable.

La femme mariée ne peut donner main-levée d'une inscription qui frappe les immeubles d'un tiers sans l'autorisation de son mari. Si elle est séparée de biens, elle peut donner main-levée, après avoir reçu le paiement de la créance garantie par l'hypothèque. L'art. 1449 lui permet de disposer de son mobilier, de l'aliéner, et puisqu'elle peut éteindre l'obligation, elle pourra éteindre l'hypothèque qui en est l'accessoire.

Quant à l'hypothèque légale qu'elle a sur les biens de son mari, la femme, sous le régime dotal, ne peut y renoncer, mais sous le régime de la communauté, elle peut consentir main-levée *en faveur d'un tiers* toutes les fois que cette main-levée est la suite d'une obligation contractée soit par elle conjointement avec son mari, ou avec son autorisation, soit par le mari; mais la main-levée serait nulle, si elle était donnée dans l'intérêt unique du mari. Il faut suivre alors les règles tracées par l'art. 2144 du Code Napoléon.

Par décret du 11 thermidor an XII, les receveurs des établissements de charité ne peuvent consentir volontairement aucune radiation, changement, ni limitation d'inscription hypothécaire, sans une décision spéciale du Conseil de préfecture prise sur proposition de l'administration et sur avis du comité consultatif établi dans chaque arrondissement communal.

Lorsqu'il s'agit d'inscription prise au profit du trésor, le conservateur des hypothèques opère la radiation sur un certificat du trésor public, constatant que le comptable n'est pas débiteur envers lui (loi du 5 septembre 1807).

Les mains-levées d'inscriptions prises au profit des communes sont consenties par les maires, autorisées par délibérations des conseils municipaux, lesquelles sont exécutoires sur arrêtés des préfets rendus en conseil de préfecture (loi du 18 juillet 1837).

2.º Dans quelle forme le consentement à radiation doit-il être donné?

Ce consentement doit être consigné dans un acte authentique, dont l'expédition doit être déposée au bureau du conservateur. Le débiteur, en se présentant avec son créancier devant le conservateur des hypothèques, ne pourrait requérir la main-levée de l'inscription, car l'identité de la personne qui se présente comme créancière n'est pas démontrée au conservateur : il faut un acte passé devant notaire, parce que le notaire est toujours censé connaître les personnes qui se présentent devant lui.

Et même, d'après la rédaction des art. 2157, 2159, il ne suffit pas d'une quittance notariée constatant que le paiement de la dette garantie par l'hypothèque a été effectué; il faut un acte devant notaire, portant consentement à radiation de la part du créancier.

On exige le dépôt de l'expédition au bureau de la conservation, afin de garantir la régularité de la radiation et mettre à couvert la responsabilité du conservateur.

§. 2.
Radiation judiciaire.

La radiation forcée est celle qui, en cas de contestation, est ordonnée par le juge.

« La radiation doit être ordonnée par les tribunaux, » dit l'art. 2160, « lorsque l'inscription a été faite sans être fondée ni sur la loi, ni « sur un titre, ou lorsqu'elle l'a été en vertu d'un titre soit irrégulier, « soit éteint ou soldé, ou lorsque les droits de privilége ou d'hypo- « thèque sont effacés par les voies légales. »

1.º Qui peut intenter la demande en radiation? La demande en radiation émane ordinairement du débiteur, qui a intérêt à faire disparaître l'inscription le plus tôt possible. Elle peut aussi être intentée par l'acquéreur ou l'adjudicataire, qui n'est pas moins intéressé à effacer les traces de l'hypothèque sur l'immeuble qui a passé entre ses mains. Le créancier venant à l'ordre avec un autre créancier porteur d'une inscription nulle qui le primerait, peut intenter l'action en radiation.

2.º Devant quel tribunal seront portées les actions auxquelles les inscriptions peuvent donner lieu?

L'action en main-levée d'inscription a pour but principal de libérer un immeuble. Elle est réelle. Aussi l'art. 2159 nous dit que la radiation non consentie est demandée au tribunal dans le ressort duquel l'inscription a été faite, et nous savons, d'après l'art. 2146, que les inscriptions se font au bureau de la conservation dans l'arrondissement duquel sont situés les biens soumis au privilége ou à l'hypothèque. On suivra donc ici la règle tracée par l'art. 59 du Code de procédure : En matière réelle, le défendeur sera assigné devant le tribunal de la situation de l'objet.

Pas de difficulté, si l'action est intentée parce que l'inscription renferme un vice de forme. Mais, d'après l'art. 2160, la main-levée peut encore être demandée parce que le titre constitutif est irrégulier. On comprend que le tribunal saisi de la demande en nullité du titre, soit parce qu'il y a eu fraude, violence ou dol, soit parce qu'il a été reçu par un officier incompétent, pourra prononcer la radiation de l'inscription en même temps que la nullité du titre. On suivra alors la règle posée par l'art. 171 du Code de procédure : « S'il a été formé précédemment en un autre tribunal une demande « pour le même objet, ou si la contestation est connexe à une cause « déjà pendante en un autre tribunal, le renvoi pourra être demandé « et ordonné. »

L'art. 2159 prévoit seulement deux cas où un tribunal autre que celui de la situation de l'immeuble est compétent ; mais cet article n'est pas limitatif, il ne renferme pas une règle absolue.

En un mot, l'action est réelle ; mais ce qu'il y a de réel peut être subordonné à une action personnelle, ou être connexe à une autre action déjà pendante à un autre tribunal.

3.° En vertu de quels jugements une inscription peut-elle être radiée?

En vertu de jugements rendus en dernier ressort ou passés en force de chose jugée ; un jugement est en dernier ressort, quand il est rendu dans une affaire qui n'était susceptible que d'un degré de juridiction ou qui a parcouru les deux degrés ; le jugement passé en force de chose jugée est celui qui était susceptible d'être attaqué par la voie de l'opposition ou de l'appel, mais à l'égard duquel on a laissé expirer les délais dans lesquels ces voies devaient être prises.

Le législateur craignait que le jugement ne vînt à être réformé par les voies de l'appel ou de l'opposition, il prévoyait les conséquences que pourrait entraîner une radiation qui plus tard serait annulée. Aussi n'est-il pas suffisant que le jugement soit exécutoire, il faut encore qu'il ne puisse être attaqué par les voies ordinaires. C'est pourquoi celui qui requiert la radiation doit remettre au conservateur l'expédition du jugement et deux certificats, l'un de son avoué, constatant que le jugement a été signifié à la partie condamnée, l'autre du greffier, portant qu'il n'existe sur le registre du greffe ni opposition, ni appel. C'est ce qui résulte de l'art. 548 du Code de procédure, ainsi conçu : « Les jugements qui prononceront une main-« levée, une radiation d'inscription hypothécaire, un paiement ou « quelqu'autre chose à faire par un tiers ou à sa charge, ne seront « exécutés par les tiers ou contre eux, même après les délais de l'op-« position ou de l'appel, que sur le certificat de l'avoué de la partie « poursuivante, contenant la date de la signification du jugement « faite au domicile de la partie condamnée, et sur l'attestation du « greffier, constatant qu'il n'existe contre le jugement ni opposition, « ni appel. »

Quelques-uns se demandent si le domicile de la partie condamnée ne peut être le domicile d'élection et si la signification doit être nécessairement faite au domicile réel. Il suffit qu'elle soit faite au domicile d'élection. Ce domicile a été librement désigné par les parties, et il ne faut pas le confondre avec le domicile judiciaire, c'est-à-dire le domicile de droit chez l'avoué. D'après l'article 147 du Code de procédure, la signification à ce domicile ne suffirait pas, il faut encore la signification au domicile de la partie condamnée, ou bien au domicile qui le remplace et qui est le domicile d'élection. D'ailleurs l'article 111 du Code Napoléon est assez clair : « Lorsqu'un acte con-

« tiendra de la part des parties ou de l'une d'elles élection de do-
« micile pour l'exécution de ce même acte dans un autre lieu que
« celui du domicile réel, les significations, demandes et poursuites
« relatives à cet acte, pourront être faites au domicile convenu et
« devant le juge de ce domicile. »

SECTION II.

De la réduction des inscriptions.

La réduction n'est qu'une radiation partielle de l'inscription, et
comme l'inscription peut être radiée du consentement des parties intéressées et ayant capacité à cet effet, de même elle pourra être réduite avec le consentement de ces mêmes parties. Le conservateur
doit en faire mention sur ses registres, lorsqu'on lui déposera l'expédition d'un acte devant notaire portant ce consentement. Si le
créancier refuse de le donner, le débiteur peut l'obtenir de la justice, mais seulement quand les circonstances exigées par la loi viennent
à se rencontrer; car le législateur a dû chercher ici à concilier les
droits du créancier avec l'intérêt du crédit à conserver au débiteur.

Le débiteur est recevable à demander au juge la réduction des
inscriptions en ce qui excède la portion convenable : 1.º soit que
l'inscription frappe sur plus d'immeubles différents qu'il n'est nécessaire à la sûreté des créanciers; 2.º soit qu'il y ait exagération
dans l'évaluation faite par le créancier dans les bordereaux d'inscription, lorsque les créances, pour lesquelles hypothèque a été consentie, sont conditionnelles, éventuelles ou indéterminées.

§. 1.ᵉʳ

Réduction de l'inscription quant aux immeubles sur lesquels elle frappe.

Les inscriptions, afin de pouvoir être réduites, doivent avoir été
prises par un créancier, qui, d'après la loi, avait le droit d'en prendre

sur les biens présents et sur les biens à venir d'un débiteur, sans limitation convenue.

Il suit de là que les inscriptions des hypothèques conventionnelles ne peuvent être réduites, la convention doit faire la loi des parties; qu'il en sera de même des hypothèques légales qui auraient été restreintes par les parties, en suivant les règles tracées par les articles 2140 et suivants. C'est ce qui résulte de l'expression de l'article 2161 : *sans limitation convenue.*

Il faut de plus, pour que le débiteur soit recevable à intenter son action qu'il y ait excès, c'est-à-dire que les inscriptions soient portées sur plus de domaines différents qu'il n'est nécessaire à la sûreté des créances.

Le mot domaine, dans les articles 2161 et 2162, est employé comme synonyme du mot immeuble.

Pour qu'il y ait excès, l'article 2162 exige deux conditions : 1.º que les inscriptions, prises en vertu de l'hypothèque générale, frappent sur plusieurs domaines; 2.º que la valeur d'un seul ou de quelques-uns d'entre eux excède de plus d'un tiers en fonds libres le montant des créances en capital et accessoires légaux.

Il suit de là que si le débiteur n'avait qu'un domaine, fût-il de dix fois la valeur de la créance et de ses accessoires, il n'y aurait pas lieu à réduction. Que, si le débiteur avait des immeubles affranchis de priviléges et d'hypothèques pour une valeur de 9000 fr., si j'avais pris sur lui, en vertu d'une hypothèque générale, une inscription pour une créance de 6000 fr., l'action ne pourrait être intentée, car il n'y a pas excès de plus d'un tiers.

Mais comment évaluer les immeubles pour savoir s'il y a excès?

L'estimation est abandonnée à l'arbitrage du juge, qui le plus souvent se contentera des renseignements que peuvent lui procurer des baux non suspects, des procès-verbaux d'estimation qui ont pu être dressés précédemment à des époques rapprochées et autres actes semblables. Ou bien encore, en consultant la valeur du revenu déclaré par la matrice du rôle de la contribution foncière, ou par la cote de contribution sur le rôle : revenu qu'il portera à dix fois sa valeur, s'il s'agit d'immeubles surbâtis, et à quinze fois, s'il s'agit d'immeubles non surbâtis. Rien n'empêcherait d'avoir recours à des experts, la loi n'a pas conseillé la voie de l'expertise, parce qu'elle est souvent très-lente et très-coûteuse.

§. 2.

*Réduction de l'inscription quant à la somme pour laquelle elle
a été prise.*

Le créancier avait à prétendre des rentes et prestations, ou des droits éventuels, conditionnels ou indéterminés. Il a dû, en se faisant inscrire, indiquer dans ses bordereaux le chiffre, jusqu'à concurrence duquel pouvait s'élever sa créance, et nous avons vu qu'il doit y mettre une grande prudence, puisqu'il ne peut jamais exiger au delà de l'évaluation qu'il a faite. Aussi a-t-il intérêt à augmenter plutôt qu'à diminuer le montant de ses prétentions que l'avenir viendra déterminer.

· Mais le crédit du débiteur pouvait en souffrir, la loi est donc venue à son secours. Il aura le droit de demander aux tribunaux à ce que la somme, pour laquelle inscription a été prise, soit réduite, sous la seule condition d'établir que le montant de l'évaluation n'est pas en rapport avec les droits vraisemblables du créancier. Le juge décidera d'après les circonstances, les probabilités de chances et les présomptions de fait; mais l'article 2164 a soin de dire : « Sans pré-« judice des nouvelles inscriptions à prendre avec hypothèque du « jour de leur date, lorsque l'événement aura porté les créances in-« déterminées à une somme plus forte. » Cet article prouve clairement qu'il ne s'agit pas de la radiation ou restriction du droit hypothé-caire, mais uniquement de la radiation de l'inscription.

Ce même article fixe le rang de l'hypothèque prise en vertu de l'inscription supplémentaire. Il ne pouvait être porté préjudice aux créanciers, qui, sur la foi de la radiation partielle de l'inscription primitive, ont acquis depuis des hypothèques. Aussi ne prendra-t-elle rang que du jour de l'inscription.

JUS ROMANUM.

DE JURE PIGNORIS VEL HYPOTHECÆ, QUIBUS MODIS HOC JUS CONSTITUITUR.

PRIMA PARS.

In quibus consistit jus pignoris et hypothecæ?

§. 1.er

Quam significationem his verbis : pignori et hypothecæ, dare debemus?

Pignus est jus creditori in re constitutum quo licet ei illam possidere in securitatem debiti, eamque distrahere ut ex pretio debitum consequatur.

Prætor admisit ut jus, quod ex pignore nasceretur, etiam citra traditionem et tam in re soli quam in re mobili constitui posset. Inde hypotheca.

Pignus appellatum est a pugno quia res quæ pignori dantur, manu traduntur. Videtur autem res solum mobiles pignori dari posse et semper traditionem necessariam esse ut constituatur pignus.

Hypotheca autem est verbum græcum quod posterior ætas usu latinum fecit. Hoc verbum est: το υποτιθεσται, quod est supponere. Id Græcorum palum reducit in memoriam.

Quantum ad actionem hypothecariam attinet inter pignus et hypothecam, nihil interest. — Inter pignus et hypothecam tantum nominis sonus differt.[1]

Non autem agitur de actione pigneratitia, nam hæc ab actione hypothecaria toto genere differt. Etenim non in rem, sed in personam datur, nec creditori competit, sed debitori adversus creditorem ipsum ex contractu obligatum ad pignus quod accepit, soluto debito, restituendum.

Actio hypothecaria vocatur quoque quasi serviana. In principio hæc actio solum ad locatorem prædiorum rusticorum pertinebat de rebus invectis et illatis a conductore et serviana appellata est ; deinde creditori qui jus pignoris habebat data fuit et quasi servianæ, seu hypothecariæ actionis nomen cepit.

Quasi serviana autem est qua creditores pignora, hypothecasve persequuntur.[2]

Creditor actionem intendet adversus debitorem et adversus quemvis possessorem rei ut recognoscatur pignus vel hypotheca et restituatur res hypothecæ data ad distrahendum et ex re distracta suum sibi pretium sumendum. Sed actio hypothecaria contra tertium possessorem ab imperatore Justiniano accepit magnam temporationem quam videmus relatam in novella IV, cap. II. Nam ille potest postulare ut creditor adversus debitorem veniat priusquam adversus ipsum : quod hodie vocatur, beneficium excussionis personale.

---

1. Fr. 5, §. 1. D. XX, 1.
2. Inst., lib. IV, t. VI, §. 7.

§. 2.

Quæ ad substantiam pignoris pertinent?

a. Nomen necessarium est : nam jus pignoris est jus accessorium.

Res pignori vel hypothecæ dari posse sciendum est pro quacumque obligatione, sive mutua pecunia detur, sive dos, sive emptio et venditio contrahatur, vel eti.im locatio et conductio, vel mandatum, et sive pura est, vel in diem vel sub conditione, et sive in præsenti contractu, sive etiam præcedat, sed et futuræ obligationis nomine dari possunt, sed et non solvendæ omnis pecuniæ causa, verum etiam de parte ejus et vel pro civili obligatione, vel honoraria, vel tantum naturali, sed et in conditionali obligatione non alias obligantur nisi conditio exstiterit.[1]

Si quidem pignus accessorium est, quum nulla est obligatio ex qua suam validitatem accipiet, nullum erit jus pignoris; itaque pro ea obligatione naturali quam jus civile improbare videtur, pignus constitui non poterit.

b. Res ad pignus apta. Res erit ad pignus apta si distrahere illam poterit creditor.

Quod emptionem, venditionemque recipit etiam pignorationem recipere potest.[2]

Non solum res corporales sed et incorporales pignori dari possunt, et inter res incorporales ususfructus, ab usufructuario dari potest. At in hoc casu creditor non jus ipsum acquirit sed facultatem percipiendi fructus tandiu quamdiu jus usufructuarii non extinguitur.

Nam cum emptorem ususfructus tuetur prætor, cur non et creditorem tuebitur.[3]

At servitutes prædiorum urbanorum sine fundo pignori dari non

---

1. Fr. 5. D. XX, 1.
2. Fr. 9, §. 1. D. XX, 1.
3. Fr. 11, §. 2. D. XX. 1.

possunt, rusticorumve jura sicut iter, actus, via, sunt accipienda in securitatem nominis, secundum opinionem aliquot legum Romanarum explicatorum, quia creditor potest distrahere illa pluribus ex vicinis quibus hoc jus utile esse potest; ad differentiam urbanorum in quibus vicinia strictior est ut vix creditori facultas stare possit ea jure pignoris distrahendi. Et quæ nondum sunt, factura tamen sunt hypothecæ dari possunt ut fructus pendentes, partus ancillæ, fœtus pecorum, et ea quæ nascuntur.

Quum nomen datum fuerit pignori creditori, si obligatio non soluta est, illud poterit persequi et distrahere.

Si convenerit ut nomen debitoris mei pignori tibi esset, tuenda est a prætore hæc conventio ut et te in exigenda pecunia et debitorem adversus me, si eum eo experiar, tueatur. Ergo, si id nomen pecuniarium fuerit, exactam pecuniam tecum pensabis : si vero corporis ali cujus, id quod acceperis erit tibi pignoris loco.[1]

Denique creditor creditori suo rem pignoratam, pignori vel hypothecæ dare potest. Quatenus utraque pecunia debetur, pignus secundo creditori tenetur et tam exceptio quam actio utilis ei danda est.

Pignus potest esse generale aut speciale : generale quum omnes res debitoris, sive in præsenti sint in patrimonio ejus, sive futuræ, fuerunt obligatæ.

Super qua generali hypotheca illud quoque ad conservandam contrahentium voluntatem sancimus, ut si res suas supponere debitor dixerit, non adjecto tam præsentes quam futuras : jus tamen generalis hypothecæ etiam ad futuras res producatur.[2]

Pignus speciale est quum una res vel plures singulatim designatæ pignori dantur. Tunc jus in re permanet strictius et quocumque sequetur. Si debitor rem tibi jure pignoris obligatam, te non consentiente distraxit, dominium cum sua causa transtulit ad emptorem[3].

---

1. Fr. 18. D. XIII, 7.
2. Const. 9, C. VIII, 17.
3. Const. 12, C. VIII, 28.

Quæ specialiter vobis obligata sunt debitoribus detrectantibus solutionem bona fide debetis et solenniter vendere. Ita enim apparebit an ex pretio pignoris debito satisfieri possit. Quod si deerit, non prohibemini cætera etiam bona jure conventionis consequi.[1]

Et imo si plures res sunt specialiter obligatæ creditor jus pignoris persequi potest in rem quam eligere voluerit. Creditoris arbitrio permittitur, ex pignoribus sibi obligatis quibus velit distractis, ad suum commodum pervenire.[2]

Si inter res quæ pignori datæ sunt, hæ quidem specialiter, illæ quidem generaliter acceptæ sunt, debitor potest exigere rem specialiter obligatam primum distrahendam esse.

SECUNDA PARS.

Quomodo constituitur pignus vel hypotheca.

§. 1.

Voluntate contrahentium.

Dicimus hypothecam contrahi non sola traditione, sed etiam nuda conventione, etsi non traditum est. Huic voluntati exprimendæ nulla solemnis forma necessaria est. Et ideo et sine scriptura, si convenit ut hypotheca sit et probari poterit, res obligata erit de qua conventia est.

Fiunt enim scripturæ ut quod actum est per eas facilius probari possit, et sine his autem valet quod actum est si habeat probationem.

---

1. Const. 9, C. VIII, 28.
2. Fr. 8, D. XX, 5.

Attamen quum vult creditor suum jus fieri validum adversus alios creditores, quia ex tempore se dicit esse priorem, anteponetur de pretio tribuendo, si quidem suum nomen cujus in securitatem accepit pignus, probari poterit, sive ex instrumento publico, sive ex instrumento quasi publice confecto.

Rei debet esse pignoratæ dominus, qui suam voluntatem de re ad constituendum pignus dederit : sufficiet tamen eam rem ei pertinere nam verbum illud pertinere latissime patet; et in rebus petendis aptum est quæ dominii nostri sint et in quas jure aliquo possideamus quamvis non sint nostri dominii : pertinere ad nos etiam ea dicimus quæ in nulla eorum causa sint, sed esse possint.[1]

Is adquem res nullatenus pertinet, eam pignori dare non potest. Attamen si res aliena obligata fuisset, consensus ejus ad quem res pertinet potest accedere, et hæc voluntas etiam ex intervallo utiliter accedit.

Et etiam res aliena utiliter potest obligari sub conditione, si debitoris facta fuerit.

Jus pignoris vel hypothecæ quod nascitur ex voluntate contrahentium cœpit in tempore quo constituitur, si jam exstat obligatio in cujus securitatem datur. Nam potior est in pignore qui prius credidit pecuniam et accepit hypothecam, quamvis cum alio ante convenerat ut si ab eo pecuniam acceperit, sit res obligata; licet ab hoc postea accepit, poterat enim non accipere ab eo pecuniam.[2]

Non solum pignus sortem tuebitur, sed adhuc cætera, veluti usuras et quæ in id impensa sunt.

Creditor qui pignus vel hypothecam habet potest distrahere rem pignoratam, nisi intra certum tempus suum debitum solverit debitor; sed qui prior hypothecam accepit potest invocare exceptionem adversus posteriorem qui rem vindicat actione hypothecaria, nam qui

---

1. Fr. 181. D. L., 16.
2. Fr. 11, Pr. D. XX, 4.

prior tempore, potior jure est. Itaque secundus creditor non habet potestatem distrahendi pignoris nisi priori creditori debita fuerit soluta quantitas. Attamen non valebit conventio contrahentium per quam dominium rei pignoratæ esset ipso jure in patrimonio creditoris sine distractione, vel estimatione.

Constantinus imperator hoc jus prohibuit expresse in Const. 3, Cod. lib. VIII, tit. 35. Quoniam, dixit, inter alias captiones præcipue commissoriæ pignorum legis crescit asperitas, placet infirmari eam et in posterum omnem ejus memoriam aboleri. Si quis igitur tali contractu laborat, hac sanctione respiret quæ cum præteritis præsentia quoque repellit et futura prohibet.

§. 2.

Jussu magistratus.

Non solum ex conventionibus et pactis hominum nascitur pignus vel hypotheca, sed quoque ex jussibus magistratus. Sciendum est primum, ubi jussu magistratus pignus constituitur, non alias pignus constitui, nisi ventum fuerit in possessionem.[1]

Usque ad missionem in bona debitoris a magistratu, creditor non actionem hypothecariam habet, ita ut in concursu pignorum qui prior sententiam obtinuit non sit potior jure, sed qui prior ex judicati causa pignus acceperit quoniam sibi vigilavit, et cum multi creditores rei servandæ causa in possessionem mittuntur peridem est jus omnium.

Inde credendum est pignus judiciale semper speciale esse nam tantum bona quorum missio in possessionem jubetur comprehendere potest.

Distinguere debemus : 1.° Pignus ex causa judicati captum quod datur creditori quum prætor jubet, debitore non solvente, pignora

---

1. Fr. 26, §. 1. D. XIII, 7.

capi; 2.° pignus quod constitutum est a prætore sine sententia anteposita. Exempli gratia dicemus missionem creditoris in bona debitoris, damni infecti causa, sed in hoc casu res solum de qua damnum tuetur pignori datur; et adhuc missionem rei servandæ causa quum prætor ait : «in bona ejus, qui judicio sistendi causa fidejussorem dedit, si neque potestatem sui faciat, neque defenderetur, iri jubebo. »[1]

§. 3.

Potestate legis.

Quum hypotheca ex lege nascitur, dicimus illam tacite contrahi quasi id tacite convenerit. Quod accidit in pluribus casibus, sed in his tacita hypotheca omnia generaliter bona debitoris attingit, in illis quædam specialiter.

A. De his qui habent hypothecam tacitam in omnia debitoris bona.

1.° Fiscus habet in bona vectigalium tacitam et generalem hypothecam. Datur illi hoc pignus a die quo tributa debita sunt, et universa bona eorum qui censentur vice pignorum tributis obligata sunt[2]. Fiscus habet quoque hypothecam adversus suos administratores a die quo in hoc munus ingressi sunt. Et adhuc adversus eos qui cum illo contrahunt. Nam dicitur : certum est ejus qui cum fisco contrahit bona veluti pignoris titulo obligari quamvis specialiter id non exprimatur.[3]

2.° Marito hypotheca tacita datur a nuptiis propter dotem solvendam adversus eos qui illam promiserunt, et mulieri, suo patri, suis heredibus in bona mariti a nuptiis quoque pro restitutione dotis, si tum dos constituta fuit, si non, a die quo dos consituta

---

1. Fr. 2., pr., D. XLII, 4.
2. Const. 1, C. VIII, 15.
3. Const. 2, C. VIII, 15.

erit, aut si agitur de paraphernis a die quo maritus illa administrare incepit.

Hæ hypothecæ dantur ut plenius dotibus subveniatur, quemadmodum in administratione pupillarium rerum et in aliis multis juris
articulis tacitas hypothecas inesse accipimus; ita et in hujus modi
actione damus ex utroque latere hypothecam, sive ex parte mariti
pro restitutione dotis, sive ex parte mulieris pro ipsa dote præstenda
vel rebus dotalibus evictis ...... Ita enim et imperitia hominum et
rusticitas nihil eis poterit afferre præjudicii : cum nos illis iguoran-
tibus et nescientibus in hoc casu nostram induxerimus providentiam.[1]

Paulo post majorem ostendit favorem imperator Justinianus in mu-
lierem, ita ut uxorius imperator vocatus erit, nam pro dote præstanda
ei concessit, non solum hypothecam tacitam in bona mariti, quæ pertinebat quoque ad patrem et heredes mulieris, sed lege cognita sub
nomine : Assiduis, Const., 12, Cod. VIII, tit. 18, mulier habuit privi-
legium per quod omnibus creditoribus, qui jam ante hypothecam ha-
bebant, præponebatur. Sic hujus legis causam nobis denuntiavit imperator. Assiduis aditionibus mulierum inquietati sumus per quas
suas dotes deperditas esse lugebant et ab anterioribus creditoribus
substantias maritorum detentas ...... Oportebat enim disponi ma-
ritos creditoribus suis ex sua substantia satisfacere, non de dote
mulieris quam ad suos victus, suasque alimonias mulier possidet
vel a semetipsa datam, vel pro ea ab alio ...... Ad hæc omnia
respicientes et reminiscentes quod et alias duas constitutiones feci-
mus pro dotibus, mulieribus subvenientes et hæc omnia in unum
colligentes sancimus, ex stipulatu actionem quam mulieribus jam
pro dote restituenda dedimus, cuique etiam tacitam donavimus
inesse hypothecam, potiora jura contra omnes habere mariti creditores, licet anteriores sint temporis privilegio vallati.

3.º Inter illos qui tacitam hypothecam habent sunt impuberes,

---

1. Const. unica, §. 1. C. V. 13.

minores et furiosi in bona tutorum et curatorum, a die quo administrare cœperunt. Eorum bona pro officio administrationis, si debitores existant, tanquam pignoris titulo obligata sunt.

Habent quoque hanc hypothecam liberi quorum mater ad secundas contra sacramentum præstitum adspiravit nuptias in bona secundi mariti pro nomine quod a matre debetur ex ratione tutelæ gestæ.

B. De his qui habent tacitam hypothecam in bona specialiter obligata.

1.º Locatori urbanorum prædiorum invecta et illata in hæc prædia pignori sunt, quasi tacite convenerit. Et non solum pro pensionibus sedet si deteriorem habitationem fecerit culpa sua inquilinus, quo nomine ex locato cum eo erit actio.[1]

Ante Justinianum hoc jus tantum habuit locum in utraque Roma et territorio earum. Hic imperator voluit in provinciis, hoc jus locum habuisse, quia, aiebat, tali justa præsumptione etiam omnes nostros provinciales perpotiri desideramus.

Locatori rusticorum prædiorum fructus, qui ibi nascuntur, tacite intelliguntur pignori esse etiam si nominatim id non convenerit, et si colonus alio locaverit fundum, domino fundi fructus in causa pignoris manent quemadmodum essent si primus colonus eos percepisset.

2.º Qui dedit pecuniam ad restitutionem ædium habet jus specialis pignoris in ædes et in fundum super quem est ædificium. At necessarium est pecuniam datam fuisse expressis verbis ad hanc restitutionem quamvis serius non ad hoc propositum adhibita fuerit. Qui dedit pecuniam ad novas ædes erigendas et qui materiam aut laborem præstitit, non tali utuntur commodo nisi conventio intervenerit.

3.º Legatarii et fideicommissarii habent tacitam hypothecam in securitatem legati vel fideicommissi in res a defuncto relictas.

---

1. Fr. 2, D. XX, 2.

In antiquo jure legatarius a prætore postulare debebat missionem legatorum servandorum causa, sed novum jus introduxit Justinianus sicut legimus in codice Lib. VI, t. 43 : Cum enim jam hoc jure nostro increbuit licere testatori hypothecam rerum suarum in testamento quibus voluerit dare, et iterum Novellæ constitutiones in multis casibus et tacitas hypothecas introduxerunt, non abs re est etiam nos in præsenti casu hypothecariam donare actionem quæ nullo verbo præcedente possit ab ipsa lege induci.

DROIT COMMERCIAL.

Des foires, des marchés et des halles.

Parmi les établissements locaux, qui peuvent faciliter les négociations entre vendeurs et acheteurs, se trouvent les foires, les marchés et les halles.

Savary, dans son Dictionnaire, définit ainsi les foires : « un concours de marchands, manufacturiers, artisans, ouvriers et de plusieurs autres personnes de tout état et de toute profession, régnicoles ou étrangers qui se trouvent chaque année dans certain lieu et à certains jours, les uns pour y apporter vendre et débiter leurs étoffes, manufactures, ouvrages, marchandises et denrées et les autres pour les y acheter, ou même seulement par curiosité et pour y prendre part aux divertissements qui accompagnent ordinairement ces sortes d'assemblées. »

Depuis que les communications entre les hommes sont devenues plus faciles, les foires ont beaucoup perdu de leur importance. Au moyen âge, la foire était une réunion générale pour toute la province ; on y faisait ses provisions pour tout le temps qui devait s'écouler jusqu'à la foire prochaine. Aujourd'hui le commerce, dégagé de ses entraves, peut se procurer à peu de frais, par les voies de terre et d'eau, les produits des pays les plus éloignés, les mettre à chaque instant du jour sous la main des consommateurs; aussi peut-on dire que dans un grand centre de population, la foire dure toute l'année, le marché est de tous les jours.

Tout en constatant que ces réunions sont moins fréquentes, et ont beaucoup perdu de leur caractère commercial dans la plupart des villes, cependant beaucoup de foires sont encore célèbres de nos jours, attirent des étrangers de tous les pays et exercent une véritable influence sur le cours de certains produits.

Après ces considérations générales disons que le mot *foire*, d'après Savary, viendrait de l'adverbe latin *foras* ou *foris* et que *forain* signifierait : celui qui vient du dehors. C'est en ce sens que l'art. 822 du Code de Procédure civile se sert du mot forain, lorsqu'il est question des saisies qu'un créancier peut faire sur les meubles de son débiteur.

Quelques-uns prétendent que le mot *foire* vient du verbe φερω, je porte, φορα, transport.

Marché vient du mot latin *mercari*, acheter. Dans son sens le plus large, marché signifie toute convention de vente, d'achat, d'échange ou fournitures; il désigne aussi un centre où se fait un grand commerce, on dit le marché de Londres, d'Alexandrie a été le premier marché du monde; mais dans un sens plus restreint et mis en présence du mot foire, marché signifie la réunion de ceux qui viennent pour vendre certains produits, et de ceux qui viennent pour acheter ces mêmes produits.

Les halles se confondent avec les marchés. Une halle est un marché tenu dans un bâtiment spécial ou sur une place publique ordinairement couverte, et cette place n'est affectée qu'à une espèce particulière de marchandises.

On donne aussi le nom de foire et marché aux emplacements où se tiennent ces réunions.

En quoi diffère le marché de la foire? Ils ont tous deux un but commun, celui de faciliter les échanges, mais le marché n'est en général établi que pour une étendue de pays circonscrite; il se tient à certains jours de la semaine et se borne à la vente des choses nécessaires à la consommation des habitants, de celles que réclament des besoins ordinaires et habituels.

La foire est la réunion des commerçants de différents pays, elle n'a lieu qu'à certaines époques de l'année, elle peut durer plusieurs jours et on y écoule des marchandises de toutes espèces.

Comme l'objet des foires et marchés est d'attirer les denrées et les marchandises pour la commodité des vendeurs et des acheteurs, les considérations qui peuvent porter à en établir, doivent être envisagées avec une grande attention, car souvent les intérêts des communes sont opposés à l'établissement d'une foire ou d'un marché; une pareille réunion ne peut commencer, dans une commune, sans qu'une commune voisine en souffre immédiatement. Mais en même temps il faut songer à l'intérêt des consomm.teurs, savoir favoriser l'écoulement de certains produits. Aussi établir une foire n'est pas un acte laissé à l'arbitraire des communes, c'est un acte de souveraineté. Ces principes, méconnus pendant la révolution, furent remis en vigueur par l'ordonnance du 26 novembre 1814.

Aujourd'hui un décret de l'Empereur est nécessaire pour l'établissement de ces réunions. Elles doivent se tenir à un jour fixe de l'année; et aucun changement ne peut être apporté à ce jour sans un nouveau décret. Aussi une foire peut-elle être considérée comme un terme fixe et déterminé. C'est ainsi qu'en énumérant les diverses époques que l'on peut mettre à l'échéance des lettres de change;

l'art. 129 nous dit, qu'elles peuvent être tirées en foire. Et une lettre de change payable en foire, dit l'art. 133, est échue la veille du jour fixé pour la clôture de la foire où le jour de la foire, si elle ne dure qu'un jour.

Une ordonnance du 20 janvier 1828 met ce qui concerne les foires et marchés, dans les attributions du ministre de l'agriculture et du commerce.

La loi du 10 mai 1838 sur l'organisation des conseils généraux et des conseils d'arrondissement, les autorise à donner leur avis sur la suppression et les changements de foires et marchés.

Enfin la loi du 25 mars 1852, sur la décentralisation des affaires départementales et communales, donne aux préfets l'autorisation d'ouvrir des marchés sauf pour les bestiaux ; et à l'art. 34 de la même loi, parmi les affaires communales décentralisées et rangées dans les attributions des préfets, nous remarquons les tarifs des droits de location de place dans les halles et marchés.

Un autre avantage que présentent les foires et marchés, c'est la faculté qu'ils donnent de pouvoir fixer le prix courant de certaines denrées.

A l'issue des marchés, les maires constatent le prix courant des grains, vins et autres marchandises appelées gros fruits, sur un registre tenu à cet effet et dont ils doivent envoyer les quinze et trente de chaque mois le double au sous-préfet de l'arrondissement. Ce registre s'appelle registre *des mercuriales*. Chaque sous-préfet fait connaître le prix moyen des denrées à la préfecture du département et l'on parvient ainsi à connaître le prix moyen de tous les départements de la France.

Les registres des mercuriales, ou les mercuriales, comme on le dit ordinairement, sont d'une grande utilité, non-seulement pour le commerce des grains, mais lorsqu'il s'agit de régler les droits entre bailleur et preneur, de liquider les comptes d'un mandataire, d'un envoyé en possession provisoire, d'un administrateur quelconque de biens-immeubles. C'est ainsi que l'art. 129 du Code de procédure civil nous dit : que les jugements qui condamneront à une restitution de fruits, ordonneront qu'elle sera faite en nature pour la dernière année et pour les années précédentes, suivant les mercuriales du marché le plus voisin.

Vu pour l'impression, par le professeur soussigné,
Président de la thèse,

Strasbourg, le 7 août 1854.

HEIMBURGER.

www.ingramcontent.com/pod-product-compliance
Ingram Content Group UK Ltd.
Pitfield, Milton Keynes, MK11 3LW, UK
UKHW022257120726
13694UKWH00003B/1101